Johann Wilhelm Rothstein

Hebräische Poesie

Verlag
der
Wissenschaften

Johann Wilhelm Rothstein

Hebräische Poesie

ISBN/EAN: 9783957005892

Auflage: 1

Erscheinungsjahr: 2014

Erscheinungsort: Norderstedt, Deutschland

Hergestellt in Europa, USA, Kanada, Australien, Japan
Verlag der Wissenschaften in Hansebooks GmbH, Norderstedt

HEBRÄISCHE POESIE

EIN BEITRAG

ZUR

RHYTHMOLOGIE, KRITIK UND EXEGESE

DES ALTEN TESTAMENTS

VON

J. W. ROTHSTEIN,
BRESLAU

LEIPZIG

J. C. HINRICHS'sche BUCHHANDLUNG

1914

BEITRÄGE

ZUR

WISSENSCHAFT VOM ALTEN TESTAMENT

HERAUSGEGEBEN

VON

RUDOLF KITTEL

HEFT 18

In der R. Kittel gewidmeten Festschrift (erschienen als
13. Heft von Kittels Beiträgen zur Wissenschaft vom alten
Testament) hat Staerk unter dem Titel „Ein Hauptproblem
der hebräischen Metrik" eine Abhandlung veröffentlicht, die die
Frage erörtert, „ob in der lyrischen Poesie durchlaufende
Metra oder sog. Mischmetra die Regel seien" (a. a. O. S. 93),
und dabei sich (obwohl ich nicht der einzige bin, der die erste
Seite der Alternative als das Richtige vertritt) besonders gegen
meine „Grundzüge der hebräischen Rhythmik" (1909) und gegen
die darin an überlieferten lyrischen Texten auf Grund meiner
rhythmologischen Anschauungen geübte Literarkritik gewandt.
Als Beispiel zieht er meine Behandlung von Ps. 42. 43 und
meine in der „Zeitschrift der Deutschen Morgenl. Gesellschaft"
(Band LVI und LVII) veröffentlichte rhythmisch-kritische Bearbeitung eines Teiles des Deboraliedes (Jud. 5 19 ff.) heran,
sucht im übrigen aber sodann an einigen kleineren Dichtungen
aus althebräischer Zeit zu beweisen, daß meine Position unhaltbar sei. Er meint schließlich (S. 202), die wenigen von ihm
behandelten „Proben altisraelitischer Poesie dürften genügen,
um zu beweisen, daß das von Rothstein aufgestellte Gesetz
der formal-metrischen Gleichheit der Strophen eines lyrischen
Gedichtes nicht den Tatsachen, die uns gute alte[1] Texte an
die Hand geben, entspreche", und indem er noch nebenher
auf „die überraschende Menge gemischter Schemata in einwandfreien Texten der prophetischen und Psalmen-Lyrik" hinweist,

---

1) Von Staerk selbst unterstrichen, also charakteristisch für die
Stellung, die er der Textüberlieferung der behandelten Stücke gegen-
über einnimmt. Wir werden sehen, wie es um die Güte dieser alten
Texte bestellt ist.

fügt er hinzu, es könne somit nicht „den Anschein eines
müßigen Streites oder bloßer Rechthaberei erwecken", wenn
er gegen meine „Theorie Widerspruch erhebe und nach wie
vor die Mischmetra für das Normale in der lyrischen Poesie
Israels halte".

Es bedarf gewiß kaum der Versicherung, daß es mir fern
liegt, seine Arbeit so beurteilen zu wollen, denn für einen ernsten
wissenschaftlichen Forscher ist es selbstverständlich, daß jede
These, solange sie nicht allgemeine und unbedingte Anerkennung gefunden hat, immer wieder erneuter Untersuchung
und Erprobung bedarf, und jede von anderem Standpunkte
aus vorgenommene Arbeit wird ihm lieb sein, die geeignet ist,
ihn selbst zu genauerer und weitergreifender Prüfung und
Festigung, eventuell auch Korrektur seiner Position anzuregen.
Und daß dies Staerks Abhandlung gewirkt hat, dafür liefert
die vorliegende Arbeit den besten Beweis; ich bin ihm wirklich dankbar dafür.

Ebenso hoffe ich nun aber auch, daß er die Polemik, die
ich gegen ihn unternehmen mußte, auch in dem gleichen Sinne
aufnimmt. Es ist mir ebenfalls nicht darum zu tun, mit meiner
These recht zu behalten, sondern darum, die geschichtliche
Wahrheit ans Licht zu bringen, und da es sich wirklich um
ein wichtiges Problem, ja, man darf ohne Übertreibung sagen,
um ein Grundproblem der hebräischen Rhythmologie handelt,
dessen Lösung zugleich für die Literarkritik an den überlieferten
poetischen Texten des alten Testaments von den weittragendsten
Folgen ist[1], so ist es begreiflich, wenn ich besonders nachdrücklich auf die schwachen Seiten der Position meines
Gegners aufmerksam mache, um mir den Boden zu sichern,
von dem aus ich die strittige Frage so zu lösen suche, wie
es nach meiner nicht erst von gestern stammenden Überzeugung
geschehen muß. Und wenn ich mich sodann nicht mit einer
bloßen Nachprüfung des von Staerk vorgetragenen Materials
begnüge, sondern meine Untersuchung auf einen breiteren Boden
stelle, so sah ich mich dazu einerseits durch seine Andeutungen
und Voraussetzungen genötigt, andererseits aber auch durch
das Bedürfnis, die Antwort auf die zu entscheidende Frage,

---

1) Wie Sellin in seinem Bericht über die „Festschrift" in „D.
Theol. d. Gegenwart" VII (1913) Heft 2 S. 121 mit Recht betont.

zumal sie der von Staerk so zuversichtlich gegebenen ent-
gegengesetzt lauten mußte, möglichst vielseitig und sicher zu
begründen.

Ich hatte seinerzeit mit wohlüberlegtem Bedacht die
Untersuchung zunächst nur auf die Liederdichtung, die Psalmen-
lyrik, eingeschränkt, und ich bin auch jetzt noch der Meinung,
dies sei sachlich und methodologisch berechtigt und notwendig.
Allerdings fällt rein formal angesehen auch die Spruchdichtung
wie die prophetische Dichtung, zu der man auch Segenssprüche
eines sterbenden Vaters über seine Söhne rechnen darf, unter
die Lyrik, aber beide gehören doch einer besonderen Gattung
derselben an, die, wie mir scheint, von der Sangeslyrik unterschieden werden muß.

Herz und Gemüt finden in letzterer ihre Sprache, und
ihre von einem starken Reiz in Bewegung gesetzte Empfindung
sucht im Rhythmus des Liedes stimmungsgemäßen, zugleich
melodisch schönen Widerhall. Für diese Art der lyrischen
Poesie stellte ich seinerzeit zunächst das Gesetz der Gleichförmigkeit aller Verszeilen auf, und ich halte daran auch heute
noch unbedingt fest. Der Hinblick auf die Beduinenpoesie
der Araber seit ihren ältesten Zeiten bestärkt mich darin.

Andersgeartet aber ist die Spruch- und Prophetendichtung.
Gewiß hat auch an ihren Äußerungen das Gemüt seinen Anteil,
aber stärker scheint mir an ihr doch beteiligt die an reale
Tatsachen und Vorgänge anknüpfende denkende Erwägung und
der Wille zu bestimmender Einwirkung auf das die Aussagen
provozierende persönliche Objekt und seine Lebensführung.
Bei dieser Art von Dichtung würde ich von vornherein nicht
ohne weiteres grundsätzlich Gleichförmigkeit aller Satzgefüge
einer inhaltlich in sich geschlossenen Aussage erwarten, ebensowenig wie man von einem Redner, der auf seine Hörer in
bestimmter Richtung bestimmend einzuwirken beabsichtigt, erwarten wird, daß er alle Sätze, in die er seine Gedanken
ergießt, genau gleich gestaltet. Daß aber auch bei Spruch-
dichtern und sogar bei Propheten Momente möglich sind, in
denen ihre Gedankenentwicklung liedartige Gestalt annimmt,
also sich auch in gleichförmigen Rhythmus ergießt, dafür werden
wir in der vorliegenden Arbeit positive Beweise erhalten.

Auf die Spruch- und Prophetendichtung einzugehen, schien
mir, als ich meine „Grundzüge" schrieb, nicht ratsam. Indes,

Staerk hat mich jetzt — und ich bin ihm dankbar dafür — genötigt, mich auch zu diesem Gebiete der hebräischen Dichtung öffentlich zu äußern. Zwar stand für mich das Urteil auch für dies Gebiet im wesentlichen seit langem fest. Es wäre ein Irrtum, wenn jemand meinen sollte, ich hätte mich, als ich meine „Grundzüge" festlegte, in meiner Arbeit bis dahin nur auf den einen besonderen Teil der alttestamentlichen Dichtung beschränkt gehabt, den ich dort behandelte. Ich überblickte damals auch alle anderen Teile derselben, wenigstens soweit die prinzipiellen rhythmologischen Fragen in Betracht kamen, aber darüber mich besonders zu äußern, unterließ ich. Nun aber habe ich die Gelegenheit gerne wahrgenommen, darzutun, daß auch die Spruch- und Prophetenpoesie im allgemeinen betrachtet nicht gegen meine These Zeugnis ablegt, sondern recht deutliche Beweise liefert, daß auch in ihr im tiefsten Grunde der Trieb zu gleichförmiger rhythmischer Gestaltung der ein inhaltliches Ganze bildenden Sätze wirksam ist. Im übrigen aber muß ich nach wie vor darauf dringen, daß man den Wesensunterschied dieser Lyrik und der Psalmen- oder Sangeslyrik wohl beachtet und bei der rhythmologischen Unter- suchung nicht Dinge untereinandermischt, die auseinander- gehalten werden müssen, wenn anders wir endlich zu festen, klaren Ergebnissen in unserer Erkenntnis des hebräischen Rhythmus und seiner Formenbildung gelangen wollen[1].

In der nachfolgenden Arbeit habe ich nun zunächst die Dichtungen, die Staerk behandelt hat, vorgenommen und literarkritischer und rhythmologischer Nachprüfung unter- zogen, habe aber z. T. die Arbeit weiter ausgedehnt als Staerk, so über alle mehrzeiligen Jakobsprüche in Gen. 49 und über das ganze Deboralied. Als besonders bedeutsame Aufgabe ergab sich mir bald, Staerks auffälliges Vertrauen auf die Güte der alten Texte auf seine Berechtigung zu

---

1) Das ist auch der Grund, warum ich mich nicht entschließen kann, der von Sievers vorgenommenen Rhythmisierung selbst von Erzählungsschriften, wie Genesis und Samuelbücher, zuzustimmen. Prosa, selbst wenn sie rhythmischen Schwung annimmt, bleibt Prosa auch im hebräischen alten Testament. Nur mit Hilfe des m. E. der hebräischen Dichtung völlig fremden Enjambements ist es möglich gewesen, die Erzählungstexte in bestimmte Versschemata einzuzwängen. Im übrigen ist Sievers' „Ergebnis" seiner Rhythmisierung der Prosatexte eigentlich meiner These nur günstig.

prüfen und zu deutlichem Bewußtsein zu bringen, daß dies Vertrauen durchaus unberechtigt und für die rhythmologische Forschung verhängnisvoll ist. — Sodann habe ich in einem zweiten Teil der Prophetenlyrik und der Psalmendichtung meine Aufmerksamkeit zugewandt. Durch Beispiele besonders aus Protojesaja habe ich zu zeigen gesucht, daß auch von hier aus meine Position eine Stütze erfährt, die nicht allzu leicht genommen werden darf. Auch das, was ich zur Psalmendichtung neues beigebracht habe, denke ich, wird helfen, meine rhythmisch-literarkritische Behandlung und Beurteilung der Psalmen zu rechtfertigen. — Zuletzt habe ich es für gut gehalten, noch weitere Beispiele alter Spruchdichtung zu untersuchen und festzustellen, auf wessen Seite sie sich mit ihrem Zeugnis stellen. Auch ein kurzer Hinweis auf weitere alte lyrische Poesie und besonders ein solcher auf Dichtungen jüngerer Zeiten, wofür freilich ein eingehender Nachweis vorbehalten bleiben muß, wird hoffentlich dazu beitragen, zu der Erkenntnis zu führen, daß ich wirklich nicht voreilig seinerzeit meine These aufgestellt habe.

Nun habe ich diese Untersuchungen nicht lediglich so ausgeführt, daß das rhythmologische Interesse befriedigt wird. Vielmehr ist es mein Bestreben gewesen, obwohl jenes Interesse naturgemäß im Vordergrund stand, die zu behandelnden Texte — wenigstens in der Mehrzahl — so zu bearbeiten, daß auch Kritik und Exegese dieser Texte ihren Vorteil davon haben sollten. So hoffe ich in der Tat, wie ich es im Titel der Arbeit ausgedrückt habe, in dreifacher Richtung einen förderlichen Beitrag zur alttestamentlichen Forschungsarbeit darzubieten, und das mag außer der hohen Wichtigkeit der Frage, um deren Beantwortung es sich in erster Linie handelt, zugleich die Ausdehnung rechtfertigen, die ich der Arbeit geben zu müssen glaubte, die ich, wie man aus der Arbeit selbst erkennen wird, gerne noch weiter hätte greifen lassen, wenn nicht äußere Gründe mir Beschränkung auferlegt hätten.

Lange nach Abschluß vorstehender Einleitung hatte ich Anlaß zu einer kurzen Zwiesprache mit Staerk. In der „Orientalistischen Literaturzeitung" 1912 (Nr. 12) Sp. 548 fällte er gelegentlich in einer Anzeige des Schlöglschen Buchs über „Die Echte Biblisch-Hebräische Metrik" ein sehr unfreundliches summarisches Urteil über meine „Metrik" als eine

von mir „erfundene" und als ein „Prokrustesbett", in das
ich die Texte hineinzwänge. Meine Verwahrung hiergegen
erfolgte in der Or. Lit.-Z. 1914 (Nr. 3) Sp. 133f. In Nr. 4
Sp. 185f. erklärt Staerk hierauf, er habe mit seinen scharfen
Aussprüchen „nur zum Ausdruck bringen wollen, daß Roth-
steins Ergebnisse mit den vom überlieferten Text gebotenen
Tatsachen unvereinbar sind und sein müssen, weil sie auf einer
petitio principii beruhen". Die zur Durchführung meiner
Theorie nötigen „stärksten Eingriffe in den Text" bewiesen[1],
daß nicht in den Texten, sondern in der an sie herangebrachten
Theorie der Fehler stecke, und darum werde er auch trotz der
von mir angekündigten neuen Arbeit, die ich jetzt vorlege, bei
seinem Urteil beharren. Daran will ich ihn gewiß nicht
hindern, aber ich verbleibe auch bei meinem Urteil und ich
glaube erwarten zu dürfen, daß die vorliegende Arbeit denen,
die sehen wollen, zwingend deutlich macht, daß die Stellung
Staerks zu dem überlieferten Texte eine petitio principii in
sich schließt, die stärker ist, als die mir schuldgegebene, ja,
die um so verhängnisvoller ist, als sie die Geschichte und die
Geschicke der Texte bis zu der Gestalt, in der wir sie lesen,
nicht in dem Maße würdigt, wie philologisch geschehen muß,
wenn anders wir überhaupt die geschichtliche Wirklichkeit
aufdecken wollen. Im übrigen mag nunmehr die folgende
Untersuchung die ihr gestellte Aufgabe erfüllen.

---

1) Diese Eingriffe sind auch sonst in Kritiken meiner „Grundzüge" mir zum Vorwurf gemacht worden; so zuletzt von Meinhold
in der Anzeige des Heft 13 der Kittelschen Beiträge in „Deutsche
Literaturzeitung" 1913 (Nr. 49) Sp. 3088.

I.

Kritische Nachprüfung der von Staerk behandelten Texte.

Staerk will seinen Widerspruch gegen meine These an einigen besonders alten Dichtungen begründen. Es sind in der Hauptsache kurze Sprüche, die er wählt und deren überlieferte Gestalt er jedenfalls in der Hauptsache für unanstößig hält. Ob das erlaubt ist, scheint mir indes recht ungewiß; er wird mir gestatten müssen. meine Bedenken geltend zu machen. Vielleicht erkennt er, daß die philologische Umsicht, die zur Behandlung solcher Texte und zur Entscheidung der für uns jetzt dringlichen Frage nötig ist, von ihm doch nicht in dem Maße beobachtet wurde, das erforderlich ist, wenn das Ergebnis der Untersuchung unangreifbar sein soll.

Ich folge zunächst der Reihenfolge der von Staerk gewählten Stoffe.

1. Auch ich bin der Überzeugung, daß wir in dem sog. Lemekhlied Gen. 4 23f. ein recht altes, meinetwegen „uraltes", Beduinenlied vor uns haben. Es fragt sich aber, ob wir es noch in seiner reinen urwüchsigen Gestalt lesen oder ob Gründe vorliegen, die das Urteil nahe legen, es habe eine Wandlung in seinem ursprünglichen Bestande erfahren, m. a. W. es fragt sich, ob das ursprüngliche Liedchen alles umfaßte, was wir jetzt Gen. 4 23. 24 lesen. Staerk ist dieser Meinung, wenigstens behandelt er den Text so, als ob in dieser Hinsicht alles in bester Ordnung sei. Mir scheint er mit einer erst noch zu beweisenden Voraussetzung zu arbeiten, einer Voraussetzung jedoch, die sich bei schärferem Zusehen nicht als stichhaltig erweist.

Zunächst frage ich, ob man v. 24 wirklich ohne weiteres als zum ursprünglichen Liedchen gehörig ansehen darf. Mir scheint diese Frage verneint werden zu müssen. Die Beziehung auf Qajin verbindet das dem Lemekh in den Mund gelegte Wort, überhaupt die ihn behandelnde Episode, wie der Wortlaut ohne weiteres zeigt, mit dem Ausgang der Qajingeschichte in der ersten Hälfte des Kapitels, mit v. 15. Nun wird ja auch wohl Staerk der Meinung sein, daß in Gen 4 1—16 eine andere Erzählungsquelle zu uns spricht, als in v. 17—24 (m. E. sage ich richtiger v. 23). Die Vermutung liegt daher, wie vielleicht Staerk zugeben wird, nicht gerade fern, daß v. 24 eins der Mittel ist, deren sich die Redaktion bediente, um die beiden verschiedenartigen Erzählungsquellen innerlich miteinander zu verknüpfen, daß wir also ihn ähnlich beurteilen dürfen, wie die redaktionellen Ausgleichszusätze in v. 25. Die Vermutung liegt um so näher, als v. 24 in seiner Verbindung mit v. 23 bei genauerem Zusehen in seinem ersten Satz nicht genau dem Sinn zu entsprechen scheint, den der Satz in v. 15 hat. Dort scheint doch wohl die siebenfache Rache ein Werk Jahwes sein zu sollen, hier in v. 24 ist es nach v. 23 natürlich ein Werk des gesteigerten Sünden- und Rachegeistes des Lemekh selbst, und demgemäß müßte man auch v. 24ᵃ von der Rache verstehen, die Qajin für eine ihm zugefügte Schädigung genommen habe. Das aber entspricht natürlich nicht v. 15. Wollte man indes v. 24ᵇ im Sinne von v. 15 verstehen, also in dem Sinne, die Ermordung Lemekhs würde 77fach gerächt werden, so würde das nicht mit v. 23 im Einklang sein. Mir will scheinen, sorgsame Erwägung schon dieses Umstandes allein muß zu der Vermutung führen, daß v. 24 nichts ist als eine Redaktionsklammer, die die verschiedenen Erzählungsquellen nach Möglichkeit miteinander zu verknüpfen und auszugleichen bestimmt war.

Eine wesentliche Verstärkung erfährt die Vermutung noch durch ein anderes. Schwerlich ist auch Staerk entgangen, daß der Qajin der in 4 17 ff. vorliegenden Quelle ein anderer ist als der in 4 1—16. Daß er einen Mord begangen und daher Blutrache zu erwarten habe, davon verrät v. 17 gar nichts. Auch darf ich voraussetzen, daß Staerk in dem Namen des dritten Sohnes des Lemekh das traditionell mit Tubal verknüpfte Qajin v. 22 nicht als zum Namen gehörig, wenn überhaupt als urspünglich, ansehen wird; LXX kennt es ja nicht. Man darf also jedenfalls auch von diesem problematischen Qajin in v. 22 und der Beziehung des Tubal zur Erzverarbeitung und -verwertung — gegebenenfalls auch zur Tötung oder zur Rache — aus nicht versuchen, v. 24 zu einem ursprünglichen Bestandteil des Lemekhliedes zu machen. Richtig ist, daß die

Erzählung von Qajin und Hebel in dem ursprünglichen Zusammenhang der jahwistischen Schrift nicht so nahe am Anfang der Menschheitsgeschichte stand, wie jetzt in Gen. 4. Beim Jahwisten war, wie Gen. 4 25[1]. 26 lehren, nicht Qajin der Erstgeborene Adams, sondern Seth; Qajin war bei ihm vielmehr, wie in der priesterlichen Quelle 5 9, erst der Sohn des 'Enōš (des Doppelgängers des Adam), und an dieser Stelle im Fortschritt der Menschheitsgeschichte stand die Erzählung von Qajin und seinem Bruder Hebel. Die beiden Brüder bilden dort aber nun wirklich die jahwistische Parallele zu den Söhnen Lemekhs in der anderen Erzählungsquelle (sie nenne ich gerne urgeschichtliche Fragmentenquelle, weil sie uns nur noch in Fragmenten erhalten ist). Denn der Parallelismus Hebel und Jabal liegt nicht nur nach dem lautlichen Parallelismus der Namen, sondern ganz besonders wegen der Gleichheit des Lebensberufs klar vor Augen, und wie die Schalmei zum Hirten, so gehört Jubal zu Jabal. Der Qajin des Jahwisten darf dann dem Erzbearbeiter Tubal beigeordnet werden. Bedenken wir diesen Sachverhalt, dessen Anerkennung vielleicht auch Staerk nicht versagt, so wird noch begreiflicher, wie derjenige, der die beiden Quellen miteinander zu dem — zweifellos nicht absolut willkürlichen, sondern von der Fragmentenquelle und ihrer Auffassung von Qajin als dem Erstgeborenen Adams beeinflußten — Bilde verarbeitete, das wir jetzt in Gen 4 vor uns haben, dazu kam, v. 24 zu schaffen, um als Klammer die beiden Erzählungsreihen zusammenzuschließen. Und wenn er dabei die Differenz zwischen dem Anlaß zur Rache des Lemekh und dem Charakter dieser Rache als Selbstrache nach v. 23 und der Rache, die nach v. 15 für eine Tötung des Qajin erfolgen soll, und zwar durch Jahwe selbst (wenn auch durch von ihm beorderte Werkzeuge), nicht beachtete oder doch nicht beachtet zu haben s c h e i n t, so ist das eben bei einer solchen redaktionellen Klammer leicht begreiflich. Er steigerte damit die Worte Lemekhs, indem er ihn sagen ließ, schon die geringe Verletzung habe ihm Anlaß gegeben, sich blutig zu rächen, ungeheuer groß aber würde die Sache werden, wenn ihn jemand töten würde.

Ich denke, diese Ausführungen sind geeignet, auch Staerk wenigstens einigermaßen von seinem unbedingten Zutrauen zur ursprünglichen Zugehörigkeit von v. 24 zum Lemekhliede zu heilen. Für mich unterliegt es keinem Zweifel, daß v. 24

---

1) Wo עוד und die Schlußworte אחר‧‧‧‧קין redaktionelle Klammern sind.

nicht dazu gehört, also auch für die rhythmologische Beurteilung des Lemekhliedes nicht ohne weiteres in Betracht
kommen kann.

Ich muß indes mit meiner Kritik noch weiter gehen und
auch die Annahme, daß wir in v. 23ᵃ (v. 23ᵇ ist m. E. ganz
tadellos erhalten) dem wirklichen ursprünglichen Texte des
Liedchens gegenüberstehen, in Frage stellen.

Zunächst stelle ich fest, daß wir den in v. 23ᵇ voraus-
gesetzten Anlaß zu der blutigen Rachetat gar nicht kennen.
Natürlich müssen wir nach dem gegenwärtigen Zusammenhang
rückwärts annehmen, daß jemand dem Lemekh irgendeinen
fühlbaren Schaden zugefügt hat. Ob eine wirkliche Verwundung? oder ob sonst eine Schädigung, die wie eine körper-
liche Verwundung empfunden wurde? Wir wissen es nicht.
Es dürfte in dem ursprünglichen Zusammenhang der Erzählung
vor v. 23 doch wohl noch mehr gestanden haben, als wir jetzt
lesen, und zwar etwas, das die Rachetat, wie sie v. 23ᵇ erscheinen läßt, verständlich machte. Dabei setze ich selbstverständlich voraus, daß das Liedchen wirklich schon in dem
Erzählungszusammenhang der Fragmentenquelle gestanden hat,
woran zu zweifeln zunächst ja auch kein Grund vorliegt. Daß
vorher noch mehr gestanden haben muß, ergibt sich ja auch
aus der gegenwärtig völlig in der Luft schwebenden Erwähnung
der Schwester des Tubal. Die gelegentlich ausgesprochene
Vermutung, daß sie in den Vorgängen, die zur Rachetat
Lemekhs, ihres Vaters, geführt habe, irgendeine wesentliche
Rolle gespielt habe, dürfte richtig sein, nur ist es leider nicht
mehr möglich, diese Rolle selbst auch nur vermutungsweise
festzustellen.

Müssen wir demnach annehmen, daß auch vor v. 23 die
Redaktion eingegriffen hat, und zwar indem sie eine Episode
unterdrückte, die ihr aus irgendeinem Grunde zuwider war
(möglich wäre natürlich auch, daß dieselbe schon vorher verloren war, ehe die Redaktion ihre Arbeit tat, freilich glaublich
ist dies nicht gerade), so tritt die schon von v. 24 aus sich
ergebende Möglichkeit noch stärker hervor, daß auch das in
v. 23 enthaltene Liedchen selbst nicht ohne Veränderung geblieben ist. Freilich ob wir mit dieser Möglichkeit wirklich
rechnen sollen, ist eine andere Frage, deren Beantwortung
abhängt entweder von der rhythmologischen Beurteilung der

beiden Verszeilen oder davon, ob das Liedchen von Uranfang
an in dieser Lemekherzählung stand oder ob es zunächst selbst-
ständig, d. h. als ein geläufiges beduinisches Rachelied vorhanden war und erst von dem Erzähler aufgenommen und dem
Lemekh in den Mund gelegt wurde. Natürlich sind wir nicht
in der Lage, diese zweite Seite der Alternative irgendwie
positiv zu erweisen. Wenn ich sie auch für sehr wahrscheinlich halte, so sehe ich doch von ihr zunächst ab und
beschränke mich auf die Frage nach der rhythmologischen
Beurteilung, ohne dabei freilich die Möglichkeit aus dem Auge
zu verlieren, daß der ursprüngliche Bestand des Liedchens
einen Eingriff erfahren hat. Damit gehe ich über zur rhythmischen Beurteilung des eigentlichen, nur in v. 23 enthaltenen
Liedchens.

Staerk will v. 23ᵃ^α nach dem Schema 4 : 3 = (2 : 2) : 3
lesen. Ist das wirklich nötig? Ich glaube nicht. Nimmt man
die Vokalisation, wie sie überliefert ist, so entspricht es, wie
mir scheint, derselben durchaus, wenn wir שִׁמְעַן קוֹלִי als rhythmische Einheit behandeln und unter einen Hochton stellen.
Die Aussprache שְׁמַעַן (statt שְׁמַעֶנָה) macht dies Wort rhythmisch
geradezu oder doch fast einsilbig: šᵉmaʿan, und mir scheint
diese ungewöhnliche Verkürzung der Wortform direkt darauf
hinzuweisen, das Wort rhythmisch mit dem folgenden קוֹלִי zu-
sammenzufassen. Jedenfalls ist das hier genau so erlaubt, wie
Staerk im zweiten Halbvers נְשֵׁי לֶמֶךְ als rhythmische Einheit betrachtet, denn auch dort wäre die Betonung nᵉšé lemékh,
also mit zwei Hochtonsilben, sehr wohl möglich. Lesen wir
nun aber rhythmisch v. 23ᵃ^α so, wie angegeben, und folgen
im zweiten Halbvers der Lesung Staerks, dann haben wir in
dieser Verszeile das Schema 3 : 3, also genau dasselbe Schema,
das Staerk auch in v. 23ᵃ^β findet, allerdings nur indem er in
dem letzten Wort auch die Nebentonsilbe zur Hochtonsilbe
macht, wogegen an sich nichts einzuwenden ist, ja das sich
ohne weiteres empfiehlt, wenn die gewöhnliche Betonung der
Segolatform יֶלֶד festgehalten wird.

Nun liest Staerk auch v. 24, gewiß richtig, nach dem
Schema 3 : 3; wir hätten also, selbst wenn wir diesen Satz als
zum Liedchen wirklich gehörig ansehen wollten, in allen drei
Verszeilen das gleiche rhythmische Schema. Wo bleibt dann
aber der Einspruch Staerks gegen meine These? Ich denke,
er wird selbst zugeben, daß meine rhythmische Auffassung von
v. 23ᵃ^α genau so richtig, ja, die wirkliche Richtigkeit der Aus-

sprache von שמען vorausgesetzt, sogar richtiger ist, als die von ihm vertretene.

Damit könnte ich schließen. Indes, um die Kritik noch einen Schritt weiter zu führen, möchte ich doch noch etwas hinzufügen.

Vergegenwärtige ich mir die Stimmung, von der der Mann beherrscht sein muß, der ein solches Wort der Rache ausspricht, die Erregung, die sein Blut aufwallen machen muß, so scheint mir ihr ein anderes Versschema mehr zu entsprechen, als das gleichhebige 3 : 3, nämlich das lebhaftere ungleichhebige 3 : 2. Nun kann man v. 23[aβ] nach diesem Schema ohne Schwierigkeit rhythmisch lesen, wenn man den zweiten Halbvers so betont: וֵּלֶךְ לְחֶבְרָתִי. Gegen diese Betonung der Segolata ist ja nichts einzuwenden. Natürlich entspricht v. 23[aα] in der überlieferten Gestalt diesem Schema nicht. Aber man darf die Frage aufwerfen, ob denn diese überlieferte Gestalt der Verszeile wirklich auch die ursprüngliche des Liedchens war, m. a. W. heißt das, ob das Liedchen von Uranfang an mit der Lemekhepisode verknüpft war, ob es nicht vielmehr einst ein für sich bestehendes Liedchen war, das erst der Autor der Erzählungsschrift, in der wir hier stehen, dem Lemekh in den Mund legte und demgemäß gestaltete, das aber natürlich auch schon vorher in der mündlichen Erzählung mit ihm in Verbindung gebracht sein könnte. Angenommen nun einmal, das Liedchen sei ein einst für sich geläufiges Racheliedchen gewesen, dann dürften wir die Beziehung auf Lemekh, also die Namen עדה וצלה und ebenso das נשי למך ausscheiden. Es bliebe übrig ein Wortlaut, dessen zweite Hälfte auf ein ungleichhebiges Versschema hinweisen, dessen erste Hälfte aber eine Hebung verloren haben würde, die durch die Namen der Weiber Lemekhs ersetzt wäre, nämlich:

שְׁמַעְנָ[ה] קוֹלִי ''''''   הַאֵזֶנָּה אִמְרָתִי

Die Änderung der Aussprache von שמען machte selbstverständlich keine Schwierigkeit. An der Stelle der fehlenden Hebung müßte dann ein Vokativ gestanden haben, natürlich einer fem. gen., wenn die weiblichen Imperative unbedingt als ursprüngliche Bestandteile des Beduinenliedchens angesehen werden müßten. Es könnte ebensogut auch ein maskulinischer Vokativ gewesen sein und die Imperative könnten שְׁמַעֵי und

הַאֲזִינוּ gelautet haben.   Die Abänderung in die Femininform mußte dann erfolgen, sobald das Liedchen dem Lemekh als Wort an seine Frauen in den Mund gelegt wurde.

Selbstverständlich handelt es sich hier nur um Vermutungen. Sicher beweisen läßt sich derartiges nicht.   Würde das Schema 3 : 2 aber die ursprüngliche Form des Liedchens gewesen sein, so höbe sich v. 24 auch formell davon ab, ohne aber, wie oben ausreichend begründet ist, das Recht zu verleihen zu der Annahme, daß Mischmetren als Eigenart der ältesten hebräischen Poesie hier bezeugt würden.

2. An zweiter Stelle hat Staerk das Orakel an Rebekka über das Zwillingspaar, das sie gebären soll, in Gen. 25 23 verwertet, und er ist der Meinung, auch dies — „ohne Zweifel“, wie ich gerne anerkenne, „ein Produkt israelitischer Volksdichtung“ — stütze seine These mir gegenüber.   Er liest die erste Verszeile nach dem Schema 3 : 4 oder 3 : (2 : 2).   Ist das unumgänglich nötig?   Mir scheint das nicht der Fall zu sein. Es steht rhythmisch auch nicht das Mindeste einer Lesung nach dem Schema 3 : 3, also nach dem gleichen Schema wie die zweite Verszeile im Wege.   Man darf ohne Zweifel auch lesen:

שְׁנֵי גוֹיִם בְּבִטְנֵךְ וּשְׁנֵי לְאֻמִּים מִמֵּעַיִךְ יִפָּרֵדוּ

Das zweite שְׁנֵי zu tilgen, liegt kein Grund vor, und sachlich ist sein Dasein gut.   Aber notwendig ist nicht zugleich auch, daß es rhythmisch wie das an der Spitze des ersten Halbverses stehende auch mit einem Hochton gelesen wird.   Nach dem ersten hochbetonten שְׁנֵי wirkt das zweite auch in der Senkung oder in dem Aufstieg zum ersten Hochton des zweiten Halbverses recht nachdrücklich, und ungezählte Beispiele rhythmisch verschiedener Wertung der gleichen Satzbestandteile der beiden Halbverse einer Verszeile[1] zeigen, daß wir auch hier kein rhythmologisches Verbrechen begehen, wenn wir lesen, wie oben vorgeschlagen. Ja, es gehört oft geradezu zu den Mitteln rhythmischen Wohllauts ein solcher Wechsel in der Betonung der entsprechenden Satzglieder in den Halbversen, und daß etwa das zweite שְׁנֵי bei solcher Lesung enttont, also auch seines logischen Gewichts im Satz beraubt werde, davon kann nicht die Rede sein, viel-

---

1) Vgl. die grundsätzliche Ausführung in meinen „Grundzügen“ S. 28 ff.

mehr durch die enge grammatische und rhythmische Verknüpfung mit dem hochbetonten Nomen und bei der an-
schwellenden Betonung der aufeinanderfolgenden Silben im
Aufstieg zum Hochton, besonders zum ersten Hochton, wird
dies zweite aus der Senkung sich Schritt für Schritt heraushebende ושני erst recht wirksam. Freilich ist das etwas, was
man fühlen muß, was sich dem kühl überlegenden Verstande
leicht entzieht. — Auch die Breite des Aufstiegs zum ersten
Hochton überschreitet das m. E. grundsätzliche Maß nicht.
Die Worte ûš°nê-l°'ummím enthalten rhythmologisch vor der
Hochtonsilbe nur drei volltönende Silben. Rhythmisch darf man
die lautlichen Elemente dieser Wortgruppe beim Lesen so eng miteinander verknüpfen, daß die Š°wāsilben außer Betracht kommen,
nämlich so: ûšnêl'ummím oder deutlicher ûš-nêl-'ummim. Ich
denke, das wird auch Staerk nicht bestreiten wollen, jedenfalls wird es Sievers' Grundsätzen nicht widersprechen[2].

Damit fällt aber das Endurteil über diesen gewiß alten,
mit der Erinnerung an die Väterzeit von jeher eng verknüpften
Orakelspruch wieder nicht gegen mich aus, sondern für mich
und gegen Staerk. Mindestens hat er nicht mehr das unbedingte Recht, ihn für seine These zu verwerten.

In der zweiten Verszeile wird ursprünglich wohl das den
ersten Halbvers einleitende ו conj. nicht ursprünglich sein, der
Satz vielmehr einfach mit לאם begonnen haben. So wird der
Eingang beider Verszeilen rhythmisch völlig gleich (š°nê und
l°'ōm).

3. Sodann zieht Staerk die Sprüche Isaaks über Jakob
und Esau, Gen. 27 28 ff. und v. 39 f. heran. Den Text hält er
auch wieder für wesentlich gut überliefert.

Wenn er das v. 28 und v. 40 einleitende ו conj., ferner
הנה in v. 39[b] und אשר in v. 27[b] als nicht der ursprünglichen
Gestalt der Aussprüche angehörig, sondern als von der Hand
dessen, der die „ursprünglich wohl selbständigen Segenssprüche" in den Erzählungszusammenhang aufnahm, ansieht
und ausscheidet, so ist dagegen meinerseits nicht das Geringste
einzuwenden. Indes, woher will Staerk das Recht nehmen,
im übrigen den Text der einzelnen Sätze ohne weiteres für
ursprünglich und unverändert zu erklären und demgemäß

---

2) Noch einfacher würde die Sache, wenn wir das Waw conj. an
der Spitze des zweiten Halbverses tilgten. Daß damit etwas Wesentliches fortfiele, läßt sich nicht behaupten. Für mein Gefühl gewönne
der Satz an rhythmischem Gewicht im Parallelismus der Halbverse.

rhythmologisch zu behandeln? Er hält es selbst für wahrscheinlich, daß wenigstens in v. 27 ff. zwei Gestalten des Segensspruchs über Jakob, nämlich eine elohistische und eine jahwistische, miteinander verbunden sind. Genau feststellen läßt sich nun nicht mehr, welche Sätze zu der einen Gestalt und welche zu der anderen gehört haben. Aber gesetzt, wir könnten die Aufteilung der Sätze nach den beiden Quellen noch in zweifelloser Sicherheit vollziehen, wer gibt uns die Gewißheit, daß der Text ganz unverändert aus den alten Quellen bei ihrer redaktionellen Verarbeitung herübergenommen ist? Die Möglichkeiten von Abänderungen und auch Verstümmelungen des ursprünglichen Textbestandes sind nicht gering. Nicht minder aber kann man mit der Möglichkeit rechnen, daß bei der Verarbeitung des doppelten Materials auch eigene Zusätze der Redaktion hinzugefügt sind, um ein möglichst einheitliches Gewebe zustande zu bringen. Mit allen diesen Möglichkeiten rechnet Staerk aber nicht; für ihn ist der überlieferte Text mit den angegebenen geringen Ausnahmen vollständig in Ordnung, und zwar so unzweifelhaft, daß er glaubt, darauf ein unbedingtes rhythmologisches Urteil aufbauen zu dürfen. Ein wenig mehr philologische Überlegung würde ihn davor bewahrt haben. Jedenfalls ist es nicht berechtigt, von diesen Sprüchen aus meine These zu verurteilen. Wie unsicher die Zuteilung der einzelnen Sätze zu den beiden Quellen ist, ergibt sich, wenn man einmal ein paar der neueren Bearbeitungen der Genesis vergleicht. Staerk folgt Gunkel. Vergleicht man damit aber das Urteil über die Quellenzugehörigkeit der Sätze z. B. im neuesten Kommentar von Procksch, ferner von Kautzsch in „die h. Schrift des alten Testaments"[3], von Holzinger in seiner Genesis, von Ball in P. Haupt's Sacred books of the old Test. und von Dillmann in seiner Genesis — um nur auf diese hinzuweisen —, so erkennt man, eine wie unsichere Sache es ist, hier die Sätze bestimmen zu wollen, die einst in der jahwistischen und in der elohistischen Schrift wirklich zusammengestanden haben, und zugleich festzustellen, was in dem gegenwärtigen Text etwa auf die Hand des redigierenden Bearbeiters zurückgeht. Noch ungewisser ist es, ob wir überhaupt alles, was einst zu diesen Sprüchen gehörte, noch innerhalb der überlieferten Sätze besitzen.

Ich muß es daher entschieden abweisen, daß Staerk auf Grund seiner oder Gunkels subjektiver Auffassung des Tatbestandes den Text rhythmisiert, als sei er unverfälschter Urtext, und dann den Schluß zieht, auch hier liege wieder ein

Beweis, und zwar, wie er abschließend erklärt, ein „unan-
fechtbarer" Beweis „aus alter Zeit" für seine These vor; die
von mir vertretene sei dagegen unhaltbar. Man wird es verstehen, wenn ich hier auf eine rhythmologische Auseinandersetzung mit Staerk verzichte. Nur soviel will ich sagen,
daß es bei einzelnen Teilen dieser Sätze für mich fast mehr
als wahrscheinlich ist, daß sie mit Unrecht zu der ursprünglichen Gestalt der Segenssprüche gerechnet werden; ich glaube
darin vielmehr Früchte der Redaktionsarbeit erblicken zu
dürfen. Ebenso glaube ich noch erkennen zu können, daß die
wirklich ursprüngliche Gestalt der Segenswünsche schwerlich
meiner These widersprochen hat.

4. Staerk wendet sich weiter zu den Jakobsprüchen
in Gen. 49. Er schließt diesen Abschnitt wieder mit dem stark
unterstrichenen Urteil: „Nicht durchlaufende Metra, sondern
Mischmetra sind die Regel"; das von mir aufgestellte Grundgesetz finde also „an nachweislich alten Stoffen keine Stütze".
Ich bin natürlich ganz einverstanden mit diesem Urteil über
das Alter der Stoffe. Aber mein philologisches Gewissen läßt
es nicht zu, daß ich dem überlieferten Wortlaut mit dem
gleichen Vertrauen gegenübertrete, wie Staerk dies sichtlich
tut. Spricht er sich darüber auch nicht bestimmt aus, so
darf ich doch, wenn er in seiner Schlußbetrachtung (S. 202)
von „guten alten Texten" redet, die er im Vorausgehenden ihr
Urteil über meine These hat sprechen lassen, und dies noch
besonders unterstreicht, wohl annehmen, daß ihm wesentliche
kritische Bedenken gegenüber der vorliegenden Textgestaltung
nicht aufgestoßen sind. Indes, die Textüberlieferung des alten
Testaments überhaupt, besonders aber die poetischer Stücke
aus alter Zeit, muß den, der alles erwägt, was auf die Gestaltung des Textes in der Überlieferung eingewirkt hat oder
eingewirkt haben kann, vorsichtig machen, und das gilt m. E.
auch für die Sprüche in Gen. 49. Staerk meint (S. 198), der
Sammler der „sehr alten und viel rezitierten Beispiele der
politischen Spruchpoesie" in Gen. 49 habe „offenbar gar nicht
das Bedürfnis gehabt, sie untereinander formal auszugleichen".
Das Bedürfnis mag er nicht gehabt haben, aber ob er die
Sprüche in ihrer festen ursprünglichen Gestalt aufgenommen
und belassen hat, ob nicht er schon aus diesem oder jenem
sachlichen und zeitgeschichtlichen Grunde dies oder das ge-

ändert oder hinzugefügt hat, ferner ob bei der literarischen
Arbeit, der wir schließlich die Genesis in ihrer jetzigen Gestalt
verdanken, in ihren verschiedenen Entwicklungsstufen die
Sprüche unangetastet geblieben sind, abgesehen von Verderb-
nissen, die bei der handschriftlichen Fortpflanzung ohne jede
Absicht eindringen konnten, das sind doch Fragen, die man
nicht einfach beiseite schieben darf, wie es Staerk offenbar
tut, falls es sich darum handelt, ein prinzipiell so wichtiges
Problem von diesen Sprüchen aus zu erledigen. Philologisch
angesehen, glaube ich deshalb durchaus im Rechte zu sein,
wenn ich mir die überlieferte Textgestalt der Sprüche kritisch
unter den angedeuteten Gesichtspunkten genau ansehe, ehe ich
es wage, die strittige Frage so zu entscheiden, wie Staerk
es für richtig hält. Sehen wir zu, wie es sich mit dem rhythmologischen Charakter der einzelnen Sprüche verhält. Zuvor
bemerke ich noch, daß ich mich hier auf textkritische Einzelheiten nur in geringem Maße einlasse, vielmehr in der Hauptsache den Text hinnehme, wie er sich darbietet, obwohl ich
durchaus nicht glaube, er sei überall „gut“ und unverletzt
überliefert. Ich halte mich mit Absicht so zurück, weil ich
glaube, daß auch schon die überlieferte Gestalt des Textes geeignet ist, in wirksamer Weise Staerks Behauptung zurück-
zuweisen.

Ehe ich auf die Sprüche selbst eingehe, lenke ich die
Aufmerksamkeit auf das sie einleitende Wort der Aufforderung
Jakobs an seine Söhne, seine Worte zu hören. Gleichviel,
ob dies Wort zum ursprünglichen Bestande der Sprüche gehört, oder ob es — was mir wahrscheinlicher ist — von dem
vorgesetzt ist, der die Sprüche zusammenstellte, oder von dem,
der sie in dieser Zusammenstellung in die Geschichtserzählung
einflocht, in der sie einst überliefert wurden, von Interesse ist,
daß auch sie das gleichhebige Schema 3 : 3 bieten. Dabei
scheide ich am Ende von v. 1 באחרית הימים aus; ich erblicke
darin einen Zusatz aus der Zeit, in der man von eschato-
logischen Gedanken beherrscht war. Die zwei Verszeilen lauten:

אֶת־אֲשֶׁר יִקְרָא אֶתְכֶם	הֵאָסְפוּ וְאַגִּידָה לָכֶם
וְשִׁמְעוּ אֶל־יִשְׂרָאֵל אֲבִיכֶם	הִקָּבְצוּ וְשִׁמְעוּ בְּנֵי יִשְׂרָאֵל

Das sind formell tadellose Verszeilen. Sie zeigen, daß ihr
Autor für rhythmische Gleichförmigkeit der strophisch zu-

sammengehörigen Verszeilen ein lebendiges Gefühl hatte, vielleicht auch von den Sprüchen selbst in dieser Hinsicht beeinflußt war. — Doch nun zu den Sprüchen selbst!

a) Der Spruch über Ruben (v. 3. 4) besteht nicht, wie Staerk (S. 198) sagt, aus vier, sondern nur aus drei Zeilen. Er lautet:

³ᵃ ראובן בכרי אתה	כחי וראשית אוני
³ᵇ יתר שאת ויתר עז	⁴ᵃα פחז כמים אל תותר
⁴ᵃβᵇ כי עלית משכבי אביך	אז חללת יצועי עלתָ(?)

Es ist gewiß, daß der überlieferte Text in der zweiten Verszeile, zumal im zweiten Halbvers, nicht unbeschädigt überliefert ist; ebenso bleibt zweifelhaft, ob das am Ende von v. 4 eingesetzte עֲלָתָ statt עלה tatsächlich das Richtige bietet: aber daß alle drei Verszeilen nach dem gleichen Schema 3:3 aufgebaut sind, und zwar von Uranfang an, ist nicht wohl in Zweifel zu ziehen, wie immer auch der ursprüngliche Wortlaut ausgesehen haben mag. Wenn ich die zwei Partikel כי und אז in v. 4 nicht für ursprünglich halte, so hängt das mit meiner Auffassung vom poetischen Stil zusammen, wie ich sie in meinen „Grundzügen" dargelegt habe. Am Rhythmus wird ohnehin durch sie nichts geändert. Es bedarf schwerlich noch einer weiteren Erörterung, ob die von Staerk (S. 199 Anm.) gebotene rhythmologische Beurteilung des Rubenspruches der Wirklichkeit entspricht. Mir ist einfach unbegreiflich, wie er das aus dem Wortlaut herausbringen will, was er da in seiner Polemik gegen Cornill sagen zu dürfen meint.

b) Der Spruch über Simeon und Levi lautet:

⁵ שמעון ולוי אחים	כלי חמס מכרתיהם
⁶ᵃ בסדם אל תבא נפשי	בקהלם אל תחד כבדי
⁶ᵇ כי באפם הרגו איש	וברצנם עקרו שור
⁷ᵃ ארור אפם כי עז	ועברתם כי קשתה
⁷ᵇ אחלקם ביעקב	ואפיצם בישראל

Die Unsicherheit des Schlußwortes von v. 5 ist bekannt; Procksch' Vorschlag, dafür מְכֵרְתֵיהֶם zu lesen, scheint mir — auch rhythmisch — sehr erwägenswert zu sein. Wir haben zunächst vier Verszeilen, die ohne irgend welchen Anstoß als gleichhebige Verse (3:3) gelesen werden können. Das Zusammentreffen zweier Hochtonsilben in beiden Halbversen von v. 6ᵇ, und zwar an gleicher Stelle bringt keinen Mißton in den

Rhythmus der Verszeilen, im Gegenteil durch die von selbst
sich ergebende Sprechpause dazwischen gewinnen die einzelnen
Teile des Satzes an Wucht im logischen Gefüge der Sätze.
Rhythmisch unanstößig ist auch die verschiedene Betonung der
Kausalkonjunktion כי in beiden Halbversen des v. 7ᵃ. Dafür
lassen sich viele Analogien nachweisen. Nimmt man die vier,
das gleiche Schema bietenden Verszeilen zusammen, so schließt
der Spruch recht kräftig mit dem Fluch in v. 7ᵃ ab. Genau
angesehen gliedert er sich indes in zwei Zweizeiler, die beide
in der ersten Verszeile das gewalttätige Verhalten des Brüder-
paars angeben, in der zweiten sodann den Abscheu Jakobs
gegenüber demselben und seine Verurteilung zum kräftigen
Ausdruck bringen. — V. 7ᵇ ist nicht bloß des abweichenden
Versschemas wegen, sondern auch deshalb als Zusatz einer
fremden Hand anzusehen, weil das „in Jakob“ und „in Israel“
doch nicht dazu paßt, daß Jakob selbst das redende Subjekt
in den Sprüchen sein soll. So könnte nur etwa Jahwe reden,
nicht aber der Patriarch. Geschichtlich ist die Beachtung
dieses Umstandes insofern von Bedeutung, als sich daraus ergibt, daß v. 7ᵇ in eine jüngere Zeit der Entwicklungsgeschichte
der beiden Stämme hineinweist als v. 5—7ᵃ.

c) Der Judaspruch scheint ursprünglich den doppelten Umfang gehabt zu haben wie der über das Brüderpaar Simeon-
Levi. Er hat aber höchstwahrscheinlich an einer Stelle einen
Verlust erlitten, an einer anderen einen Zusatz; ob er sonst
unversehrt erhalten ist, dürfte auch zweifelhaft sein. Meines
Erachtens ist der rhythmische Aufbau des überlieferten Textes
folgendermaßen zu gestalten:

א a α b יהודה יודוך אחיך	ישתחוו לך בני אביך
8 a β ידך בערף איביך	. . . .
9 a כגור אריה יהודה	מטרף בני עלית (?)
9 b כרע רבץ כאריה	וכלביא מי יקימנו
10 a לא יסור(?)שבט מיהודה	ומחקק מבין רגליו
10 b עד כי יבא שילה	ולו יקהת עמים
11 a אסרי(?)לגפן עירה	ולשרקה בני אתנו
11 b כבם ביין לבשו	וכדם ענבים סותה
12 חכלילי עינים מיין	ולבך שנים מחלב

Die Mehrheit der Sätze scheint recht gut überliefert zu
sein. Aber sicher ist zunächst v. 8ᵃᵝ an falsche Stelle ge-

raten. Es bedarf für einen verständigen Leser kaum einer
Begründung, daß v. 8ᵇ allein den ursprünglichen Parallel-
halbvers zu v. 8ᵃα bietet, dagegen v. 8ᵃβ, dem seine parallele
Ergänzung verloren gegangen ist (so auch Procksch), das
Zusammengehörige auseinandergerissen hat. Während die erste
Verszeile sagt, die leiblichen Brüder, sowohl die vollbürtigen,
(v. 8ᵃα) als auch die halbbürtigen (v. 8ᵇ), preisen Juda und
huldigen ihm, hat die zweite Verszeile (v. 8ᵃβ + ?) zum Ausdruck gebracht, daß diejenigen, die sich Juda feindlich in den
Weg stellten, die Macht seiner Hand zu spüren bekamen.
Man wird zugeben, daß so die beiden Verszeilen einen sachlich wohl in sich geschlossenen Zweizeiler darbieten. Natürlich verschwindet so Staerks Schema 3 : 3 + 3 ohne weiteres.
Wer von uns beiden die Wahrscheinlichkeit, das Richtige zu
treffen, für sich hat, kann doch wohl nicht zweifelhaft sein.
— Genau so bilden v. 9ᵃ und v. 9ᵇ einen inhaltlich vortrefflich
abgerundeten Zweizeiler. An der Spitze von v. 9ᵃ lese ich
כַּנּוֹר, und zwar zunächst, weil auch in v. 9ᵇ כאריה steht (man
beachte das vorausgehende וֹ), dann aber auch aus rhythmischem Grunde. Die Verszeile wird in ihrem Eingange
rhythmisch so der Gestalt der anderen Verse gleichartig.
Ernste Zweifel hege ich gegen die II pers. in v. 9ᵃβ. Sie
wird zwar auch durch die Versionen vorausgesetzt, aber vorher
und nachher ist von Juda nur in III p. geredet, und ursprünglich dürfte das auch hier der Fall gewesen sein. Die direkte
Anrede, so unerwartet begegnend, wirkt durchaus nicht besonders angenehm. Vielleicht hat hier עָלָה gestanden (also die
Verderbnis umgekehrt wie v. 4ᵇ). — Daß auch alle folgenden
Verszeilen nach dem gleichen Schema nicht bloß gelesen werden
können, sondern müssen, unterliegt keinem Zweifel; das erkennt
auch Staerk an, wenn er auch ohne Grund durch ein „vielleicht“
sein Urteil mäßigt und für v. 10ᵇ meint, diese Verszeile lasse
sich auch als „Doppelzweier“ rhythmisieren, was mir nicht
gerade besonders leicht erscheint. Unerfindlich ist mir ferner,
was für Schwierigkeiten die Wortgruppe ולשרקה in v. 11ᵃ
machen soll, wie er meint. Für die Rhythmisierung finde ich
darin keine Schwierigkeit; sonst stände nichts im Wege
ולשרק zu lesen, falls das ἅπ. λεγ. שרקה anstößig sein sollte,
oder man tilgt das וֹ conj., wodurch der Vers rhythmisch jedenfalls nicht schlechter würde. Aber noch sonderbarer berührt
mich, wohl aber nicht bloß mich, die weitere Bemerkung, es
sei „von vornherein wahrscheinlicher, daß die kleine strophische
Einheit v. 10—12 nicht bloß den Doppeldreier verwendet habe“.
Da muß man doch fragen: warum in aller Welt ist das von

vornherein wahrscheinlicher? Da scheint in der Tat eine
theoretische, rein subjektive Voraussetzung das Urteil zu be-
einflussen, die im Textbestande keinen Rückhalt hat, also
Staerk sich derselben Sünde schuldig zu machen, deren ich
mich mit meiner rhythmologischen Kritik schuldig gemacht
haben soll.

Nun habe ich durch die kleine Schrift angedeutet, daß
ich v. 10ᵇ für einen Fremdkörper in dem Judaspruch ansehen
muß. Vergleicht man die anderen Verszeilen alle in ihrem
Eingang, so wird man zugeben, daß die Einleitung dieser
Verszeile mit עד כי an poetischer Kraft wesentlich von den
übrigen abweicht und eher prosaische als poetische Redeweise verrät. Mir erweckt diese Konjunktion ohne weiteres
die Empfindung, einer Randbemerkung gegenüberzustehen, die
dem Satz v. 10ᵃ eine — allerdings interessante eschatologische —
Einschränkung beifügen soll. Wenn der Zeitpunkt eingetreten
sein wird, auf den עד כי hindeuten will, dann wird die engere
Herrschaft Judas im Kreise seiner Bruderstämme ihr Ende
finden und die Völkerherrschaft des Herrschers der Zukunft
ihren Anfang nehmen. Es ist natürlich berechtigt, wenn v. 10ᵇ
als ursprünglicher Bestandteil des Spruchs angesehen werden
müßte, mit Greßmann[1] u. a. die weiteren Sätze auch in
eschatologischem Sinne als Schilderung des paradiesischen
Zustandes in der messianischen Zeit zu verstehen. Indes,
man kann v. 10ᵇ herausheben, ohne den Zusammenhang zu
stören, ja, wenn man v. 10ᵇ beseitigt, schließen sich v. 10ᵃ,
11ᵃ ᵇ, 12 inhaltlich und formell zu zwei Zweizeilern zusammen,
die (abgesehen von Einzelheiten im Text) tadellos sind und
durchaus nicht eschatologisch-messianisch verstanden zu werden
brauchen, sondern in vortrefflicher Weise die sieghafte, glück-
liche Lage schildern, in die Juda versetzt ist oder sein wird,
nachdem das, was in v. 8. 9 gesagt wird, erreicht ist.

Zur weiteren Unterstützung der Meinung, daß v. 10ᵃ und
v. 11ᵃ ursprünglich strophisch zusammengehören, also durch
v. 10ᵇ wirklich übel auseinandergerissen werden, mache ich
auf ein paar lautliche Anklänge aufmerksam, die die beiden
Verszeilen auch melodisch eng miteinander verknüpfen. Man
beachte den lautlichen Anklang in den Konsonanten und

---

1) Vgl. sein Buch „Der Ursprung der israelitisch-jüdischen
Eschatologie“ S. 287 f.

Vokalen von לֹא יָסוּר und אֹסְרִי am Anfang beider Verszeilen, sodann von מְחֹקֵק und שֹׂרֵקָה oder vielleicht besser שֹׂרֵק am Eingang der zweiten Halbverse, ferner auch noch in מִבֵּין und בְּנִי. Man darf wohl auch auf den Parallelismus der Vokale in שֵׁבֶט und גֶּפֶן und die lautliche Verwandtschaft der mittleren, von gleichartigen Vokalen umtönten Radikale בּ und פ aufmerksam machen. Das sind doch gewiß deutliche Merkzeichen dafür, daß die beiden Verszeilen wirklich der gleichen poetischen Quelle entstammen. Nun möchte ich freilich glauben, daß der Eingang von v. 10ᵃ und der von v. 11ᵃ nicht ganz in seiner ursprünglichen Gestalt überliefert ist. Der Aufstieg zum ersten Hochton v. 10ᵃ ist nach meinem Gefühl im Vergleich zu den vorherstehenden Verszeilen zu breit. Dürfte man שֵׁבֶט לֹא יָסוּר lesen, so wäre dem abgeholfen. Indes, vielleicht hat der Satz ursprünglich mit אַל־יָסֻר begonnen und ist die überlieferte Lesart daraus meist während der handschriftlichen Überlieferung entstanden. Es würde sich dieser Modus ganz vortrefflich an die v. 9ᵇ abschließende Frage anfügen. Niemand wird ihn, den Löwen, in seiner sieghaften triumphierenden Ruhe stören, noch viel weniger ihm die Herrschaft streitig machen: „nicht soll weichen . . .!" Allerdings setzt LXX schon die masoretische Lesart voraus, aber das beweist schließlich nur, daß die Textveränderung schon früh eingetreten war, jedenfalls eher als die griechische Übersetzung angefertigt wurde. Auch der samaritanische Text bietet sie schon; aber auch das braucht nicht von der Korrektur zurückzuhalten, da ja der Text der Sprüche schon vor dem Beginn der Sonderexistenz der samaritanischen Tora viele Jahrhunderte durchlebt hatte, also auch bis dahin mancherlei Veränderung erfahren haben konnte. — Nun glaube ich ferner auch אֹסְרִי in v. 11ᵃ beanstanden zu sollen. Das Partizip schließt sich ebensowenig gut an v. 10ᵇ wie, wenn wir v. 10ᵇ ausscheiden, an v. 10ᵃ an. Mir scheint יֶאְסֹר gelesen werden zu müssen. Das kann dann ebenso wie das Verbum v. 10ᵃ jussivisch, also als Ausdruck des Willens des Vaters, aber auch als Indikativ aufgefaßt werden zur Schilderung dessen, was er tut, eben weil der Herrscherstab fest in seinen Händen ist. Blickt man freilich auf das Perfekt in v. 11ᵇ, so läge auch nicht fern, hier einfach אָסַר zu lesen. Das sagte alsdann, er hat sein Tier angebunden, als er und ehe er sich mit dem Herrscherstab niedersetzte. Der lautliche Anklang an אַל־יָסֻר (v. 10ᵃ) wäre sonach deutlicher. Vielleicht ist diese

Lesung vorzuziehen. — Zur inhaltlichen Zusammengehörigkeit von v. 10ᵃ und v. 11ᵃ hebe ich schließlich noch hervor, daß Herrscherstab und Reittier miteinander die Königsstellung Judas unter den Stämmen charakterisieren. — Auch der letzte Zweizeiler v. 11ᵇ. 12 schließt sich in sich inhaltlich gut zusammen und fügt sich auch als Fortsetzung gut an den vorletzten an. Die Erwähnung des Weinstocks, an den er sein Reittier bindet, führt zu dem weiteren Gedanken, daß er die Frucht der Rebe auch für seinen persönlichen Gebrauch verwendet. Das Perfekt כבס drückt nicht bloß aus, was er getan hat, sondern was er auch fernerhin ungehindert tun wird (vgl. Ges.-Kautzsch, Hebr. Gramm.²⁸ § 106,2 c). Ob man am Ende statt סותה: כְּסוּתָה lesen soll, bleibe dahingestellt. — In v. 12 weicht der Eingang des ersten Halbverses bis zum ersten Hochton rhythmisch wieder von den anderen Verszeilen ab. Liest man חֲכַלִיל, so ist alles in Ordnung, und nichts hindert, so zu lesen. Hier schließt sich die nominale Fortsetzung des Satzes v. 12 als Apposition zum Subjekt von כבס ohne Schwierigkeit an, ja, es wird so sachlich zum Ausdruck gebracht, daß das, was v. 12 meint, bei Juda schon vorhanden ist, ehe er dazu übergeht, seine Gewänder in Wein zu waschen.

Es war mir Bedürfnis, zum Judaspruch etwas mehr zu bieten, als die Gegnerschaft Staerks an sich erforderte, wenngleich die gegen Cornill gerichtete Anmerkung (S. 199)[1], der ebenfalls v. 10ᵇ für einen jüngeren Zusatz ansieht, mir Anlaß geben konnte, wenigstens mein Urteil über v. 10ᵇ näher zu begründen. Die rhythmische Seite meiner Aufgabe war leicht erledigt. Schwerlich wird jemand beim Anblick des oben dargebotenen Textbildes im Zweifel sein, wie wenig der Judaspruch Staerk zu seinem Urteil wider meine These berechtigt. Hoffentlich habe ich aber auch durch die weiteren Ausführungen der Exegese dieses wichtigen Stückes in der Spruchreihe einen förderlichen Dienst geleistet[1].

----

1) Wiederholt in seiner Schrift: „Die Ebed-Jahwe-Lieder und Jes. 40 ff." (1913) S. 126 Anm. Vgl. jetzt Cornill, Zum Segen Jakobs usw. in der Festschrift für Wellhausen im Beiheft 27 der ZatW.

1) Verschwindet mit der Ausscheidung von v. 10ᵇ auch der „messianische" Zug in dem Spruch, so bleibt dieser selbst doch sehr bedeutsam, und v. 10ᵇ ist ein Beweis zu den vielen anderen dafür, daß man später gerne älteren Texten solche bedeutsame eschatologische Lichter aufsteckte. Die religionsgeschichtliche Bedeutung

d) Der Spruch über Sebulon ist ein Einzeiler nach dem Schema 3 : 2. Er dürfte ursprünglich gelautet haben:

13 זבולן לחוף ימים ישכן   וירכתו על־צידן

Wahrscheinlich ist aber mit hebr. Hdschr. und den Versionen (vgl. Kittel, Bibl. Hebr.) עד statt על im zweiten Halbvers zu lesen. Die Worte והוא לחוף אנית sind m. E. nichts als eine Variante oder eine erläuternde Glosse zu לחוף ימים.

e) Der Isascharspruch ist wieder dreizeilig und daher von Bedeutung für unsere Aufgabe. Der Text kann im wesentlichen richtig überliefert sein. Ich lese so:

14 יששכר חמר גרם   רבץ בין המשפתיים

15a וירא מנחה כי טובה   והארץ כי נעמה

15b ויט שכמו לסבל   ויהי למס־עבד

Das ungleichhebige Versschema scheint mir unzweifelhaft zu sein. Ebenso sicher ist, daß alle drei Verszeilen nach dem gleichen Schema gebildet sind, also ein Zeugnis für die Richtigkeit meiner These sind, nicht aber für die Staerks.

In v. 14^b בין המ׳ unter einem Hochton zu lesen, macht keine Schwierigkeiten. Der Senkungsbereich zwischen den beiden Hochtonsilben beträgt nur drei volltönende Silben, da das Šewā, womit מ zu sprechen ist, zwar mobile ist, aber rhythmisch nicht unbedingt in Betracht kommt. Ob aber בין המשפ׳ wirklich ursprünglicher Text ist, ob es nicht vielmehr unter dem suggestiven Einfluß von Jud. 5 16, wo es wohl am Platze ist, hier an die Stelle eines eher zu dem „Esel" passenden Wortes eingedrungen ist, das ist eine andere Frage. Freilich läßt sich nicht ohne weiteres sagen, was hier gestanden haben könnte. Die Fortsetzung in v. 15^{aα} könnte nahelegen, an ein Wort zu denken wie בְּמַרְבֵּץ = „an der Lagerstätte". Der wurzelhafte und lautliche Zusammenklang mit רבץ würde eher für die Richtigkeit der Vermutung sprechen als gegen sie. Es könnte indes auch ein anderes Wort dort gestanden haben. — In v. 15^{aα} bietet der masoretische Text טוב, aber nach dem Femininum מנחה muß טובה gelesen werden. In v. 15^{aβ} ist ואת־הא׳ ganz prosaisch; die nota accus. wird am besten beseitigt. Auch der Artikel könnte gegenüber dem artikellosen מנחה be-

---

des Satzes bleibt unangefochten, nur muß sie literaturgeschichtlich und dann auch glaubensgeschichtlich auf einer jüngeren Stufe der alttestamentlichen Entwicklung untergebracht werden.

seitigt werden; der poetischen Diktion würde dies nicht zuwider sein. Aber es ist auch nicht zu verkennen, daß der
lautliche Anklang des den zweiten Halbvers einleitenden וְהָאָרֶץ
an das am Eingang des ersten stehenden וירא stärker in die
Ohren fällt als wenn wir וְאֶרֶץ läsen.

f) Auch der Spruch über Dan ist ein dreizeiliger. Der
Text scheint stärkere Verderbnisse erlitten zu haben, zumal
die zweite Verszeile ist sichtlich stark beschädigt. Der Text
lautet:

כְּאַחַד שִׁבְטֵי יִשְׂרָאֵל	¹⁶ דָּן יָדִין עַמּוֹ
שְׁפִיפֹן (?) . . . . עֲלֵי־אֹרַח	¹⁷ᵃ יְהִי־דָּן(?) נָחָשׁ עֲלֵי־דֶרֶךְ
וַיִּפֹּל רֹכְבוֹ אָחוֹר	¹⁷ᵇ הַנֹּשֵׁךְ(?) עִקְּבֵי סוּס

LXX bietet v. 16ᵇ: ὡς καὶ μία φυλὴ ἐν Ἰσραήλ; in ihrer
Vorlage scheint שֵׁבֶט בְּיִשְׂרָאֵל gestanden zu haben, oder sollte
es nur freie Wiedergabe des jedenfalls grammatisch guten von
den Masoreten gebotenen Textes sein? Der Anfang von v. 17ᵃ
scheint mir, trotz seiner guten Bezeugung, verdorben zu sein.
In v. 17ᵃᵇ einen zweiten Danspruch zu sehen (vgl. Procksch),
dazu ist keine Veranlassung. Indes, die Wiederholung des
Namens דן in v. 17ᵃᵅ dürfte kaum ursprünglich sein. Ver-
mutlich lautete der Anfang des Satzes וְהוּא כְּנָחָשׁ; ebenso ließe
sich dann aus dem vorausgehenden דֶרֶךְ leicht ein כ zu שפיפן
ergänzen und כִּשְׁפִיפֹן lesen. Daß diese Sprüche einst einmal
ohne Zwischenräume zwischen den einzelnen Sätzen geschrieben
wurden, lehrt ja das Ende von v. 19 und der Anfang von v. 20
sehr einleuchtend. Im zweiten Halbvers fehlt eine Hebung —
falls die Dreihebigkeit des zweiten Halbverses in v. 16 und
v. 17ᵇ ursprünglich sein sollte —; sie läßt sich im Anschluß
an LXX, in der dieser Halbvers nur ἐνκαθήμενος ἐπὶ τρίβου
bietet, wohl ergänzen, indem man entweder יֹשֵׁב oder allenfalls
auch שֹׁכֵן einfügt; beide Worte, besonders freilich das letzte,
haben formale Ähnlichkeit mit einem Teil von שפיפן, es könnte
also ein Verlust lediglich durch Abschreiberversehen vorliegen.
Freilich ist es wahrscheinlicher, daß der Grieche im zweiten
Halbvers keine zweite Schlangenbezeichnung gelesen hat. Vielleicht führt dies zu weiterer Kritik am Text (s. nachher). —
In v. 17ᵇᵅ hat LXX nur δάκνων, setzt also den Artikel nicht
voraus; grammatisch ist er auch nicht unbedingt nötig, zumal
in poetischer Rede. Lesen wir aber nur die Konsonanten נשך,
so können wir sie auch als Perfekt lesen, und das wäre wegen
des folgenden ויפל immerhin recht angemessen. Es würde dann

mit dem Satze gesagt, Dan hat das schon getan, aber gemeint
wäre zugleich, daß er es auch fernerhin tun wird (Ges.-Kautzsch,
Gramm. § 106, 2 c). Im Folgenden ist man genötigt, den Ton
des ersten Wortes zurückzuziehen, aber besonders wohllautend
ist das dann sich ergebende Zusammentreffen der beiden ersten
Hochtonsilben auch nicht, wenngleich es erträglicher ist, weil
durch die notwendig eintretende Sprechpause Prädikat und
Objekt auseinandergehalten werden, als wenn durch eine
solche die Konstruktusverbindung zerrissen wird. Allenfalls ließe sich für die starke Hervorhebung des עֲקֵבִי, die bei
der erforderlichen Betonung bewirkt wird, auch das Gewicht
des Worts im sachlich-logischen Gefüge des Satzes geltend
machen. — Nun ist aber nicht zu übersehen, daß LXX für den
zweiten Halbvers von v. 17ᵃ nur zwei Hebungen voraussetzt,
gleichviel ob ihr ἐνκαθήμενος den ursprünglichen Text verrät
oder der der hebräischen Überlieferung der richtige ist. Aus
Gründen des rhythmischen Parallelismus möchte ich letzteren
vorziehen. Nur könnte man fragen, ob nicht auch in v. 16ᵇ
ursprünglich כאחד שְׁבָטִים stand, und der gegenwärtige Text
erst von der Hand herrührt, die auch dem Spruch über Simeon
und Levi den Schlußsatz v. 7ᵇ hinzufügte. Wie dort könnte
doch auch hier ישראל anstößig sein, da ja die Sprüche Jakob-
Israels Sprüche sein sollen. In v. 17ᵇ wäre אחור an sich wohl
zu entbehren, seine Zufügung auch leicht zu begreifen. also
ein zweihebiger Halbvers wohl als ursprünglich denkbar, wenngleich ich es rhythmisch wegen seines lautlichen Zusammen-
klangs mit dem den Schluß von v. 17ᵃ bildenden ארח nicht
gern entbehren möchte.

Ich habe diese kritischen Ausführungen zu dem Danspruch
nur gemacht, teils um die Kritik weiterzuführen oder anzuregen,
teils um die Schwierigkeiten herauszuheben, die der Annahme
im Wege stehen, wir hätten hier einfach ursprünglichen
Text vor uns Auf diesen Spruch in seiner überlieferten Gestalt
kann sich, das gebe ich ohne weiteres zu, Staerk für seine
These stützen, aber man wird mir auch zugeben, daß es eine
recht zweifelhafte Stütze für dieselbe ist. Jedenfalls ist der
Danspruch nicht geeignet, die Beweiskraft der anderen bisher
behandelten mehrzeiligen Sprüche zu entkräften, und sie stehen
Staerk böse im Wege.

g) Die folgenden Einzeiler über die Stämme Gad, Asser
und Naftali bieten natürlich nichts für unsere Frage, sollen
aber doch nicht ausgelassen werden.

19 ‏גד גדוד יגודנו   והוא יגד עקבם

20 ‏אשר שמנה לחמו (?)   והוא יתן מעדני מלך

Die Loslösung des מ von אשר und seine Zufügung zum Ende von v. 19 bedarf keiner Begründung mehr. Dagegen ist in v. 20ᵃ ein Fehler, der Verbesserung verlangt. Da Syrer und Targum statt des mit dem femininen Prädikat sich stoßenden לחמו ein Wort für Land voraussetzen, so ist אַדְמָתוֹ einzusetzen. Nach irrtümlicher Weglassung des א ist paläographisch die Rekonstruktion eines לחמו aus רמתו vorstellbar. — Rhythmisch ist gegen das am Ende des Spruchs stehende מעדני מלך nichts einzuwenden, aber ob dort ursprünglich nicht vielmehr bloß מעדנים stand und das מלך erst hernach hineinkorrigiert ist? Vgl. dazu LXX: καὶ αὐτὸς δώσει τρυφὴν ἄρχουσιν.

21 ‏נפתלי אילה שלחה   הנתן(?)אמרי־שפר

Der zweite Halbvers dieses Spruchs ist sehr zweifelhafter Natur. LXX setzt nur נתן ohne Artikel voraus und dürfte damit recht haben; die letzten Worte hat sie auch anders gelesen: ἐν τῷ γενήματι κάλλος. Selbst אילה im ersten Halbvers ist zweifelhaft.

h) In den letzten Sprüchen mehrten sich schon die Anzeichen, daß der Text der Sprüche erhebliche Schäden erlitten, immer stärker. Im Josephspruch ist sehr wenig zu finden, das ohne weiteres als ursprünglicher Text angesehen werden darf. Die Kritik dieses umfangreichsten Spruchs hat bisher nur wenig Sicheres zutage gefördert. Bei der überaus üblen Beschaffenheit des Textes liegt die Vermutung natürlich recht nahe, daß fremde Hände hier vielfach wirksam gewesen sein dürften, um aus den Trümmern einen einigermaßen verständlichen Text herzurichten, und daß es dabei nicht ohne Erweiterungen abgegangen ist, versteht sich eigentlich auch von selbst. Es ist darum ungerechtfertigt, auf Grund des in solcher Verfassung überlieferten Textes rhythmologische Schlüsse zu ziehen solcher Art, wie es Staerk beliebt hat. Er redet (S. 199) so von dem Josephspruch, als ob der Text hinsichtlich der rhythmischen Gestalt und Gliederung nicht den mindesten Anlaß zu kritischen Bedenken gebe, und läßt dann sofort die obendrein durch den Druck hervorgehobene Verurteilung meiner These folgen. Ich möchte gerne wissen, wo sich ein philologisch ernsthafter Forscher auf anderen Gebieten jemals erlaubt hätte und ohne schärfste Zurückweisung hätte erlauben dürfen, einen anerkannt korrupten Text rhythmologisch so zu behandeln, als sei es ein „guter alter" Text (S. 202). Zweifellos baut Staerk sein Urteil ganz besonders auf dem Josephspruch auf, so wie ihn Kittels Bibl. Hebr. rhythmisiert darbietet. Danach läßt er den Spruch in v. 22 mit einem „Siebener" (4 : 3) beginnen; darauf folgen, wie er sagt, drei „Doppeldreier" (3 : 3), nämlich in v. 23. 24[a. b]. Mich wundert, daß er v. 24[b] nicht auch als „Siebener" ansieht; die masoretische Lesung fordert das eigentlich durch ihre Punktation von רעה als stat. absol. Ob man v. 23[a] mit drei Hebungen lesen soll oder kann, mag zunächst dahingestellt bleiben. Staerk hätte in v. 23 aber ganz gut auch das Schema 2 : 3 finden können, von dem er allerdings (S. 197) sagt, es komme zwar nicht sehr häufig vor, aber doch „gerade in der älteren Poesie mehrfach"[1]. Im zweiten Teil des Spruchs, den er von v. 25 an rechnet, findet er „Doppeldreier" (3 : 3), die aber durch einen „Siebener" und durch „Dreierreihen" (das sind dreihebige Sätze ohne Parallelhalbvers) unterbrochen würden. Der eine „Siebener" ist v. 25[aβ] (ברכת שמים‥‥תחת); die „Dreierreihen" sind v. 25[b] und v. 26[aβ] (ראות נ״ עולם). Gewiß, wenn der Text so, wie wir ihn heute lesen, der ursprüngliche wäre, würde ich mich von Staerk als geschlagen betrachten müssen. Aber ich habe dazu keinen Grund, so lange mir Staerk nicht den unanfechtbaren Beweis liefert, daß der Text — auch abgesehen von Korruptionen in den einzelnen Worten — in seinem für die rhythmische Beurteilung in Betracht kommenden Versbestande keine Veränderung, sei es Verkürzung, sei es Erweiterung, erfahren habe. Erst gilt es, dem Text gegenüber seine philologische Pflicht erfüllen, ehe man ihn so, wie er ist, zur Grundlage für ungeheuer weittragende Schlüsse verwertet. Die ersten Anforderungen dieser philologischen Pflicht versäumt man aber, wenn man einen notorisch korrupten Text behandelt, als sei er tadellos, und dabei die unzählbaren Analogien vergißt, die das alte Testament uns als Beweise dafür bietet, daß nicht bloß in Verderbnis geratene Texte,

---

1) Demgegenüber muß ich sagen, ein Schema 2 : 3 hat es in guter Lyrik überhaupt nicht gegeben. Warum ich dies leugnen zu dürfen meine, habe ich in meinen „Grundzügen" S. 54 ff. auseinandergesetzt.

sondern auch unverdorbene vielfache Eingriffe durch jüngere
Hände erfahren haben, die teils zu Erweiterungen, teils zu
Verkürzungen des ursprünglichen Bestandes führten.

Ich unterlasse es bei diesem Spruch auf die Einzelkritik
einzugehen, da das nicht nur über die mir zunächst gestellte
Aufgabe zu weit hinausführen, sondern auch wohl nicht über
das von anderen bisher Erreichte hinaus viel Neues bieten
würde. Zwecklos ist es auch, den Text hier im Wortlaut
aufzuzeichnen; ich verweise auf Kittels Bibl. Hebr. Wohl
aber liegt es mir am Herzen, das hier zu sagen, was zur
rhythmologischen Kritik nötig ist.

Zunächst dürfte auch dieser Spruch ursprünglich mit dem
Namen יוֹסֵף begonnen haben, also die v. 22 ihm jetzt voran-
gehenden Worte dürften von fremder Hand stammen (vgl.
Procksch). Beginnen wir mit dem Namen, dann bietet v. 22
eine formell tadellose Verszeile nach dem Schema 3 : 3. Daß
der Wortlaut im zweiten Halbvers arg verdorben ist (vgl.
Singul. des Prädikats nach vorausgehendem pluralischen
Subjekt!), ist anerkannt; ob er im ersten unverletzt ist, bleibt
zweifelhaft. — V. 23ᵃ ist damit auch noch nicht geheilt, daß
man וַיְרֻבּוּ oder וַיְרֻבֻהוּ liest. Auch das erste Wort halte ich
für verdächtig; vor allem aber dürfte im ursprünglichen Wortlaut des Halbverses noch ein drittes Wort gestanden haben,
das irgendwie dem Subjekt des zweiten Halbverses parallel
stand. — Daß v. 24ᵇ β so wie überliefert nicht ursprünglich
sein kann, wird schwerlich bestritten. Bedenklich macht gegen
die ganze Verszeile v. 24ᵇ, daß hier in einem Worte Jakob-
Israels so von Jakob und Israel geredet wird, wie es geschieht,
und da ferner von v. 25ᵃ an wenigstens bis v. 26ᵃ α Joseph
direkt (II p. sing.) angeredet wird, während v. 22. 23. 24ᵃ,
auch jedenfalls in v. 26ᵇ nur indirekt (III p. sing.) von ihm
gesprochen wird, so scheint mir die Vermutung, es handle
sich v. 24ᵇ ff. um eine dem ursprünglichen Wortlaut zugefügte
jüngere Erweiterung des Spruchs, durchaus nicht ohne weiteres
abgewiesen werden zu dürfen (vgl. dazu zuletzt Procksch,
Gen. S. 275). Das „Du“ dürfte im Josephspruch ebensowenig
ursprünglich sein, wie im Judaspruch (v. 9ᵃ β). Indes, wie
dem auch sein mag, die Frage, die zu beantworten mir jetzt
am Herzen liegt, ist die, ob die rhythmische Gliederung der
Sätze von v. 25 an, wie sie in Kittels Bibl. Hebr. vorgelegt
und von Staerk akzeptiert erscheint, die richtige und ob
Staerks rhythmologische Beurteilung der einzelnen Sätze
zwingend ist.

V. 25ᵃ β erscheint jetzt allerdings mit vier Hebungen. Aber ist רבצת תחת wirklich ursprüngliche Lesart? Könnte hier nicht Deut. 33₁₃ von Einfluß gewesen sein und einem späteren Bearbeiter das רבצת ה״ in die Feder geführt haben, während ursprünglich vielleicht nur תהום רַבָּה dastand? Da der Grieche καὶ εὐλογίαν γῆς ἐχούσης πάντα bietet, so wird die Vermutung noch wahrscheinlicher, daß der Text in unserem Halbvers nicht der ursprüngliche war, und das genügt vorläufig natürlich auch zur Zurückweisung, neben anderem auch auf diese Verszeile (v. 25ᵃ β) das scharfe prinzipielle Urteil Staerks zu begründen. — Nun hat sich Staerk keinerlei Gedanken gemacht darüber, ob denn nach den einfachen Grundforderungen des Parallelismus membrorum die weitere rhythmische Gliederung der Sätze in v. 25ᵇ. 26ᵃ überhaupt zulässig sei, so, wie sie Kittels Bibl. Hebr. bietet. Es kann ihm doch auch nicht wohl entgangen sein, daß der Wortlaut v. 26ᵃ in der überlieferten Gestalt zunächst formell eher Prosa ist als Poesie, sodann aber auch, daß er schwerlich fehlerlos überliefert ist, da er wenigstens mir so, wie er lautet, unverständlich ist. Auch wird er natürlich beachtet haben, daß LXX statt des sehr zweifelhaften הורי ein Wort für „Berge" gelesen hat, und für die Richtigkeit dieser Lesart spricht ja auch das folgende עבעת ה״. Folgen wir nun aber der LXX — ich glaube, wir dürfen es getrost tun —, so ergibt sich, daß inhaltlich v. 26ᵃ α (bis נברו על) als Parallelsatz mit v. 25ᵇ zusammengehört, mindestens eher als mit dem folgenden Satze. Brüste und Mutterschoß als Segensquellen gehören sachlich doch recht eng zusammen mit dem Vater und dem von ihm ausgehenden Segen. Dabei bin ich allerdings ebenso fest überzeugt, daß weder in v. 25ᵇ noch in v. 26ᵃ α (auch abgesehen von dem נברו על, das die redigierende Hand eines Späteren allzu deutlich verrät) der ursprüngliche Text erhalten ist. Wie dieser gelautet hat, vermag ich freilich nicht zu sagen. — Naturgemäß ist es dann auch, daß v. 26ᵃ β die Segnungen, die von den Bergen ausgehen (schwerlich ist auch הררי עד allein der volle ursprüngliche Text), mit v. 26ᵃ γ, mit dem, was da von den Hügeln gesagt wird (auch תאות ist schwerlich ohne Verderbnis), in eine Verszeile zusammengestellt werden, da ja der inhaltliche Parallelismus sie jedenfalls ohne weiteres zusammenfügt. — Fassen wir alles zusammen, so ergibt sich, daß tatsächlich nicht der geringste Grund vorliegt zu der Annahme, die ursprüngliche Gestalt des Josephspruchs habe Verszeilen anders als nach dem Schema 3 : 3 gehabt. Wo die Sache im überlieferten Text anders zu liegen scheint, lehrt eine sorgsame kritische Betrachtung, daß es angesichts der schweren und ungewöhnlich weitgreifenden Verderbnis des Wortlauts ratsam ist, die Abweichung von jenem Schema eben auf fehlerhafte Veränderungen seiner ursprünglichen Gestalt zurückzuführen.

Ich denke, wer mir sorgfältig gefolgt ist, wird sich mit mir wundern, daß Staerk ohne jede Nachprüfung der Richtigkeit der Rhythmisierung des Josephspruchs in Kittels Bibl. Hebr. (etwas anders sieht die Sache sogar in Sievers' Genesis aus) unmittelbar im Anschluß an ihre summarische Feststellung sagen zu dürfen meint, auch hier finde mein Grundgesetz an „nachweislich alten Stoffen keine Stütze. Nicht durchlaufende Metra, sondern Mischmetra seien die Regel". Staerk hat dies Urteil natürlich auf alle Sprüche in Gen. 49 bezogen wissen wollen. Indes, auf wessen Seite die Sprüche sich wirklich mit ihrem rhythmologischen Zeugnisse stellen, brauche ich gewiß nicht mehr besonders zu sagen. Ich denke, nicht seine These, sondern die von mir vertretene hat sich als auch in diesen Sprüchen wohl begründet erwiesen, und zwar mit noch größerer Bestimmtheit, als in den vorher besprochenen Stücken. Soweit dies Beweismaterial also in Betracht kommt, bleibt es dabei: die echte alte reine lyrische Poesie kannte keine Mischmetren.

5. Staerk hat an letzter Stelle von den von mir bisher veröffentlichten rhythmologischen Arbeiten noch meine Bearbeitung des Schlußteils des Deboraliedes (Jud. 5 19 ff.) in der „Zeitschr. der Deutsch. Morgenl. Ges." 1902. 03 in die Diskussion hineingezogen. Auch hier steht für ihn fest, daß der Text nicht so schlecht überliefert sei, wie er sich mir, und auch wohl anderen, darstellt. Er hält es daher auch hier wieder für richtig, sich bei der rhythmologischen Urteilsbildung ohne allzu große Bedenken an die überlieferte Textgestalt zu halten. Textkritische Eingriffe gelegentlich nach Maßgabe eines bestimmten Versschemas nennt er ein „Umdichten" des Liedes (S. 201). Freilich bei der grundsätzlichen Voraussetzung, die hebräische Lyrik habe sich je nach Belieben oder Bedürfnis gemischter Metren bedient, verliert die Rhythmik ihren textkritischen Wert, eben weil in einem und demselben Liedganzen alle rhythmischen Formen neben- und durcheinander möglich sind. Mit welcher Stimmung ich dem Urteil Staerks über meine rhythmologische Auffassung und philo-

logisch-kritische Behandlung des Deboraliedes gegenüberstehe,
bedarf nach der bisherigen Prüfung seiner Ausführungen und
ihrem Ergebnis keiner Darlegung. Ich sehe mich auch beim
Deboralied nicht veranlaßt, von meinem Standpunkte abzugehen, um so weniger, als Staerk auch hier wieder die gleiche
philologische Sorglosigkeit dem überlieferten Text gegenüber
bezeugt. Ich kann ihn auch hier philologisch leider nicht
ernster nehmen, als er sich gegenüber den bisher besprochenen
Texten erwiesen hat.

Nun habe ich für das Deboralied geglaubt als rhythmisches
Schema 3 : 3 feststellen zu dürfen. Ich bleibe auch heute noch
dabei. Leider habe ich bisher die allseitige genaue Untersuchung, die ich — allerdings zunächst mehr beispielshalber —
dem letzten, verhältnismäßig gut überlieferten Teile habe zuteil
werden lassen, nicht auch auf den ersten größeren Teil ausdehnen können. Ich bin also jetzt genötigt, mich auf ein weit
geringeres Maß philologischer Kritik zu beschränken und nur
so weit zu gehen, als nötig ist, um wenigstens einigermaßen
sicher die rhythmische Gestalt zur Erkenntnis zu bringen. Dabei
ist es für mich angesichts der wirklich zum Teil sehr traurigen
Beschaffenheit der Textüberlieferung selbstverständlich, daß es
vielfach vergebliche Mühe ist, die ursprüngliche Gestalt der
Verszeilen wiederfinden zu wollen. Freilich für ebenso selbstverständlich halte ich es, daß man es auch unterlassen muß,
rhythmologisch den überlieferten Text ohne weiteres so zu
behandeln, als ob er in ursprünglicher Gestalt ohne Fehler
vorliege.

Staerk findet in v. 2 „das Thema der ganzen Dichtung
kraftvoll zusammengefaßt". Dabei muß man den Sinn der
Worte von v. 2ᵃ erraten, und nach der üblich gewordenen
Deutung ist in dem ganzen Verse mit keinem Buchstaben auf
den wahrhaften Grund hingewiesen, der Anlaß zum Preise
Jahwes gab. Außerdem hat das Volk — so allgemein gesprochen — sich gar nicht so willig erwiesen; ein Teil der
Stämme ließ sich vergeblich aufrufen, mit Jahwe für die be-
drohten Bruderstämme zu kämpfen. Es ist also Übertreibung,
wenn Staerk v. 2 so charakterisiert, wie mitgeteilt. Schlimmer
ist aber seine rhythmische Beurteilung des Verses. Er findet
darin einen „Doppelvierer", d. h. das Schema 4 : 4. Aber wie
will er aus den Worten בְּפִרְעַ פְּרָעוֹת בְּיִשְׂ״ vier Hebungen herausbringen? Ich finde nur drei darin, wahrscheinlich auch sonst

niemand außer Staerk mehr.   Der zweite Halbvers kann vierhebig gelesen werden, wenn man die beiden ersten Worte
בְּהִתְנַדֵּב עַם liest; aber ist das notwendig?   M. E. kann man
ohne Bedenken beide Worte auch unter einem Hochton:
בְּהִתְנַדֵּב עַם lesen; der Aufstieg zum Hochton umfaßt für rhythmisches Lesen nur drei volltönende Silben.   Aber blickt man
auf v. 9, so wird es recht fraglich, ob der Text richtig ist,
denn der, der v. 9 a β. b geschrieben, hat das התנדב von den Gebietern oder Führern verstanden, und danach läge es nahe, in
v. 2 בְּהִתְנַדְּבָם zu lesen.   Aber wie immer der ursprüngliche Text
gelautet haben mag, selbst die überlieferte Gestalt läßt durchaus zu, die Verszeile nach dem Schema 3 : 3 zu lesen, jedenfalls von einem „Doppelvierer“ ist nichts zu finden.

Bemerkenswert ist sodann auch hier wieder, wie sich
Staerk an die Rhythmisierung in Kittels Bibl. Hebr. anschließt,
ohne für die rhythmische Beurteilung wichtige Tatsachen zu
berücksichtigen.   Er findet in v. 3 a. b α zunächst einen „Doppelvierer“ (4 : 4) oder nach Ausscheidung des zweiten אנכי einen
„Siebener“ (4 : 3) und in v. 3 b keine „Viererreihe“.   Der Gedanke an die Regel des parall. membr. hätte ihn veranlassen
sollen, v. 3 b α und v. 3 b β um ihres inhaltlichen Parallelismus
willen zu einer Verszeile zu vereinigen.   Die überlieferte Gestalt
dieser Verszeile hätte er dann nach dem Schema 4 : 4 lesen
können, aber daß das die ursprüngliche Gestalt derselben ist,
zu bezweifeln hat man guten Grund.   Zunächst ist in v. 3 b α
das zweite אנכי sehr zweifelhaft, und sodann gilt das gleiche
von יהוה in v. 3 b β.   Dies fehlt in LXX cod. A, und auch aus
rhythmischem Grunde ist die Wiederholung von יהוה im zweiten
Halbverse schwerlich ursprünglich.   Die Verszeile dürfte ursprünglich so gelautet haben:

אֹמֵר לֵאלֹהֵי יִשְׂרָאֵל   אָנֹכִי לַיהוֹה אָשִׁירָה

Das wäre also wieder das Versschema 3 : 3.   Vielleicht erkennt
auch Staerk das geringe Maß von Textkritik als berechtigt
an und erblickt darin nicht sogleich eine rein subjektive
„Umdichtung“.

Nun schwebt die Aufforderung an die Könige und Fürsten
(„Satrapen“ sagt der Grieche), zu hören, allerdings in der Luft.
Die Worte bilden einen Satz nach dem Schema 2 : 2.   Ob man
genötigt ist, ihn unbedingt für ursprünglich im Liede zu halten?
An welche Könige und Fürsten sollen wir denken?   Staerk
redet von der „uralten Stilform der Aufforderung an die Welt“,
wie sie sich am Eingang solcher Hymnen auch sonst finde.
Danach wären also nach seiner Meinung die Könige und Fürsten

der Völkerwelt aufgerufen, zu hören. Aber weiterhin im
Liede findet sich keine Spur davon, daß das Lied bestimmt
sei, über den Kreis des Volks hinaus zu wirken, und eigentlich
kann man auch die Aufforderung in v. 2 nur als an die Glieder
des eigenen Volks, die die Hörer dessen sind, was der Dichter
ihnen zu erzählen hat, gerichtet verstehen. Ich bin überzeugt
davon, daß ein späterer Bearbeiter die Aufforderung an die
Könige und Fürsten hineingebracht hat, eben weil er meinte,
die Kundgebung des Willens des Dichters, Jahwe einen Hymnus
anzustimmen, fordere eine solche Aufforderung, zuzuhören, vorher.
Dabei mag er sich von der Analogie solcher alle Welt um-
spannenden Aufforderungen (die besonders gern aber an Himmel
und Erde gerichtet sind) haben bestimmen lassen. Wenn wir
v. 2 in seiner wirklichen Urgestalt noch kennten, würden sich
die beiden Verszeilen v. 2 und v. 3ᵇ α.β noch deutlicher zu einem
inhaltlich wohl gefügten Zweizeiler zusammenschließen.

V. 4ᵃα (bis אדם) wird selbstverständlich auch von Staerk
nach dem Schema 3 : 3 gelesen. Auffällig ist aber, daß hier
plötzlich Jahwe direkt angeredet wird, während vorher und
nachher von ihm in III pers. die Rede ist. Das ist schwerlich
ursprünglich. Da aber der Satz jetzt den kausalen Vordersatz
zu dem folgenden bietet, scheint er unentbehrlich zu sein, und
dann sollte man wohl בצאתו und בצעדו lesen. Die absolute
Vorausstellung von יהוה würde im poetischen Aufbau begreiflich
sein. Nun darf aber auch nicht übersehen werden, daß auch
v. 4ᵃβ.ᵇ und v. 5 sich inhaltlich eng zusammenfügen. Sie sagen
aus, Erde, Himmel, Wolken, Berge geraten in Erregung vor
Jahwe, wobei selbstverständlich ergänzt wird: „wenn er kommt“.
Man könnte also allenfalls v. 4ᵃα entbehren. Jene beiden Verszeilen würden sich sachlich auch mit v. 2. 3ᵇ verknüpfen lassen.
Die Menschen sollen im Blick auf Jahwe und das, was er an
seinem Volk getan hat, zum Lobpreis bewegt werden; sie bedürfen der Aufforderung dazu, sollen ihr aber Folge geben
und einstimmen in den Lobpreis, den der Dichter jetzt an-
stimmen will, so wie Erde, Himmel usw. in Bewegung geraten
und ihre Erregung kundgeben, wenn sich ihnen Jahwe naht.
Wir brauchten also v. 4ᵃα nicht unbedingt, und seine jetzige
Gestalt steht in üblem Verhältnis zu v. 5. Man sieht also, so
ganz einfach ist die Textüberlieferung nicht; jedenfalls ist es
unberechtigt, sie für die rhythmische Beurteilung in harmloser
Weise als gut anzusehen. — V. 5 beurteilt auch Staerk als
gleichhebig nach dem Schema 3 : 3. Er sieht mit Recht in
זה סיני eine Glosse und liest dann in beiden Halbversen מפני יהוה
als rhythmische Einheit. Mir scheint im zweiten Halbverse

der Natur des rhythmischen Parallelismus entsprechend יהוה getilgt und nur מפני אל" ישי" (wie in v. 3ᵇ) gelesen werden zu müssen, ebenso ist zweifellos im ersten Halbvers LXX mit ihrem ἐσαλεύθησαν im Recht und demgemäß ist נָזֹלּוּ zu lesen oder doch ׳נֹזְלוּ im Sinn dieser Form (vgl. Ges.-Kautzsch, Gramm. § 67 Anm. II) zu verstehen. Rhythmisch schwieriger ist die vorausgehende Verszeile. So wie sie lautet, kann sie allerdings nur nach dem Schema 4 : 3 gelesen werden. Aber es fragt sich doch, ob der erste Halbvers wirklich so, wie er dasteht, ursprünglich sein kann. Gewiß ist die Nennung des Himmels neben der Erde auf den ersten Blick ganz ohne Anstoß. Aber wenn vom Himmel gesagt ist, er habe geträufelt, so ist es wenigstens für mein Gefühl überaus sonderbar, daß alsdann auch noch von den Wolken gesagt wird, sie träufelten von Wasser, und rhythmisch geradezu anstößig ist die Wiederholung desselben Verbalausdrucks. Wie soll man sich das Träufeln des Himmels und das Träufeln der Wolken nebeneinander vorstellen? Dazu lasse man sich noch eine andere Erwägung gefallen. Der Dichter redet vom Kommen Jahwes zum Kampf für sein Volk, und dies Kommen Jahwes sieht er nach uralt hebräischer Vorstellung sich im Wetter vollziehen. Natürlich geschieht es innerweltlich, also nachdem Jahwe das Jenseits des Himmels verlassen. Daß diese Vorstellung hier im Hintergrund liegt, erweist ja auch der Umstand, daß v. 21 vom Anschwellen des Kisonbachs, natürlich infolge der von den Wolken herabstürzenden hilfreichen Wassermassen, die Rede ist. Nun vergleiche man einmal die herrliche Schilderung der Erscheinung Jahwes im Wetter in Ps. 18ₛff. Auch dort erbebt die Erde und die Grundfesten der Berge werden erschüttert; der Wolkenkerub bildet das Gefährt Jahwes, auch ist vom Wasserdunkel im Zusammenhang mit den Wolken, von Blitzen, Donner und Hagel die Rede, aber der Himmel spielt in der Schilderung keine Rolle, außer insofern, als die Wohnstätte erwähnt wird, von der aus Jahwe kommt und wirkt. Ich denke, diese Erwägungen sind geeignet, die Ursprünglichkeit des שמים an dieser Stelle ernstlich in Frage zu stellen. Kritisches Gewicht hat hier auch die Unsicherheit der Bezeugung des mit שמים verbundenen Prädikats. LXX cod. B. bietet zwar καὶ ὁ οὐρανὸς ἔσταξεν δρόσους; aber cod. A bietet ἐξεστάθη und Luc. u. a. bezeugen ἐταράχθη, was etwa נָמֹגוּ oder besser noch נָמֹשׁוּ[1]

---

1) Dafür spricht auch das nach LXX richtig gelesene oder richtig verstandene נזלו in v. 5ᵃ. Schwankt die Erde, so schwanken die Berge erst recht.

voraussetzt. Beide Ausdrücke passen dem wirklichen Sprachgebrauch nach eher zur Erde, als zum Himmel. So halte ich
es denn auch für wahrscheinlich, ja, ich trage kein Bedenken
zu sagen, für sicher, daß ursprünglich der Halbvers so lautete:
ארץ רעשה נם־נמֹטה, daß also „der Himmel“ erst nachträglich
von jemand eingefügt wurde, dem dieser neben der Erde auch
erwähnt werden zu müssen schien. Die weitere Veränderung
des verbalen Prädikats folgte dann zum Teil naturgemäß.
Lesen wir so, wie angegeben, dann bietet auch diese Verszeile das Schema 3 : 3 und ist formell und inhaltlich tadellos.

Das Ergebnis unserer Untersuchung des hymnischen Eingangs zum eigentlichen Liede, den Staerk seiner rhythmologischen Beurteilung unterzogen hat, steht also vollkommen
im Einklang mit dem Urteil, das ich seinerzeit über die
rhythmische Form des Schlußteils (v. 19 ff.) glaubte als wohl
begründet ansehen zu sollen. Das ursprüngliche Schema, nach
dem der Eingang gestaltet war, ist das gleichhebige 3 : 3 gewesen. Daß einzelne Verszeilen dies Schema heute nicht mehr
bieten, ist die Folge von Korruptionen oder Veränderungen,
denen der ursprüngliche Text anheimgefallen. Ich denke.
philologisch denkende Leser werden zugeben, daß die Kritik,
die ich am Text zu üben mich genötigt sah, nicht auf subjektiver Willkür beruht, sondern durch im Text selbst gegebene,
sorgsamer Erwägung sich zwingend aufdrängende Tatsachen
geboten war. Und so überlasse ich ihnen das Urteil über das,
was Staerk über meine These, das Deboralied sei nach dem
Schema 3 : 3 gedichtet gewesen, mit Rücksicht auf die besprochenen Eingangsverse sagt (S. 201). Er sagt: die Frage,
ob das Lied in „Doppeldreiern“ gedichtet gewesen sei, glaube
er für die Introduktion mit einem runden Nein beantworten
zu können; Schemata, wie v. 2. 3ᵃ und 3ᵇ. 4ᵇ ließen sich nie
und nimmer als Doppeldreier verstehen, man müßte denn die
Texte ad hoc zurechtmachen, d. h. das Lied umdichten, damit aber würde die Grundlage jeder methodischen Untersuchung der hebräischen Metrik verlassen. So kann man
natürlich nur reden, wenn man den Text, eben weil er allenfalls, wenigstens für oberflächliche Betrachtung, einen verständlichen Sinn und Zusammenhang bietet, so wie er überliefert
ist als eine philologisch ausreichend gesicherte Grundlage für
die rhythmologische Beurteilung ansieht. So kann nur der

urteilen, für den es textkritische Fragen gegenüber einem „guten alten" Texte, zumal auch solche aus Gründen, die im sachlichen Zusammenhang desselben zu finden sind, nicht gibt. Ich darf gewiß erwarten, daß Staerk sagen wird, so wie er zu dem von mir früher bearbeiteten Abschnitt v. 24 ff. sagt, die Gründe, die ich für meine kritischen Eingriffe geltend gemacht habe, seien für ihn nicht zwingend. Das ist eine bequeme Ausflucht. Dagegen läßt sich nicht wohl ankämpfen. Wer dem überlieferten Text sich philologisch so harmlos gegenüberstellt, wie es, wie wir überall gesehen haben, Staerk tut, wird schwer zu überzeugen sein. Freilich, daß diese Harmlosigkeit gelegentlich auch in recht übel ausschauende Flüchtigkeit entarten kann, hat Staerk zu seinem Schaden gerade da bewiesen, wo er mich mit besonders wirksamer Waffe glaubte bekämpfen zu können, nämlich dadurch, daß er gleich in der ersten Verszeile des Deboraliedes im ersten Halbverse vier Hebungen gelesen haben will, obwohl sonst niemand, selbst beim besten Willen, mehr als drei herausbringen kann. Wenn ich mir die Texte etwas genauer ansehe und dann nicht bloß aus vorgefaßten rhythmologischen Gründen, sondern aus Erwägungen, die im sachlichen Zusammenhang begründet sind, zu dem Ergebnis gelange, der überlieferte Text müsse erst kritisch möglichst zu seiner ursprünglichen Gestalt zurückgebracht werden, ehe man endgültig über seine rhythmische Form urteilen dürfe, so glaube ich doch, gegenüber Staerks Methode, eher auf dem richtigen Wege zu sein, dabei auch gerade auf der allein zulässigen Grundlage einer methodischen Untersuchung der hebräischen Metrik zu bleiben. Und dazu rechne ich denn auch, daß, wenn ich das rhythmische Schema eines Liedes, wie z. B. des Deboraliedes, sicher erkannt habe, ich nötigenfalls diese Erkenntnis auch einmal als textkritisches Hilfsmittel verwende. Wie ich persönlich dies Hilfsmittel zu verwenden gelernt habe, dafür habe ich reichlich Beweise veröffentlicht. Natürlich liegt es mir fern zu behaupten, ich hätte dabei keine Fehler gemacht. Aber so wie ich nach der Prüfung des von Staerk gegen meine These vorgebrachten Materials alle Ursache habe, bei dieser meiner These auch in Zukunft zu beharren, so finde ich auch keinen Anlaß, in der gelegentlichen Verwendung des rhythmischen Schemas als textkritischen Hilfsmittels in Zu-

kunft eine Änderung eintreten zu lassen, und daß ich dies
Hülfsmittel mit Besonnenheit und Zurückhaltung verwende
oder doch zu verwenden bemüht bin und mich dabei nicht
von Willkür oder Oberflächlichkeit leiten lasse, ich denke,
das wird der gerecht urteilende Leser meiner bisherigen
Arbeiten auf diesem Gebiete anerkennen.

Man wird es verstehen, wenn ich es ablehne, auf
Staerks Ausführungen zu den von mir früher bearbeiteten
v. 24 ff. weiter einzugehen. Ich verweise auf die a. a. O. veröffentlichte Studie zum Deboraliede. Soweit die rhythmologische Seite des Schlußteils (v. 19 ff.) in Frage steht, habe
ich nichts zu ändern. Auch habe ich vorläufig nichts von
meinen textkritischen Eingriffen zurückzunehmen, zumal auch
soweit sie von dem durch das rhythmische Schema dargebotenen
Maßstabe bedingt sind.

Ich könnte hier nun abbrechen, denn soweit reicht
Staerks Material, das er aus dem Deboraliede gegen meine
These vorgeführt und das er für ausreichend gehalten hat,
seine Gegenposition wirksam zu sichern. Daß ihm der Beweis
mißlungen, ist, glaube ich, schon zur Genüge dargetan. Indes,
da es mir darum zu tun ist, auch über das zum nächsten
Zweck Notwendige hinaus noch der rhythmologischen und exe-
getisch-kritischen Arbeit bei dieser Gelegenheit einen förderlichen Dienst zu leisten, will ich auch über die weiteren von
mir noch nicht bearbeiteten Teile des Liedes (v. 6—18) einiges
hinzufügen.

Liest man in seinem Schlußabschnitt das Urteil über die
Qualität der Texte, an denen Staerk glaubt die Verkehrtheit
meiner These nachgewiesen zu haben, und vernimmt da, es
seien „gute alte" Texte, die den Tatsachenbeweis gegen
mich lieferten, kommt dann aber im Deboraliede zu v. 6 ff. und
verschließt nicht absichtlich die Augen oder dämpft alle Empfindung für Ursprünglichkeit und Gesundheit eines alten
hebräischen, zumal eines poetischen Textes, so empfindet man
es gleichsam wie Hohn, wenn einem zugemutet wird, einen
solchen Text als einen guten anzusehen. Alt ist er, daran
ist nicht zu zweifeln, auch in seiner korrupten Verfassung,
das beweist der Grieche, aber das Prädikat gut ihm beilegen
zu sollen, ist einem nur einigermaßen lebendigen philologischen
Gewissen unmöglich. Die folgenden Ausführungen füge ich

mit allem Vorbehalt hinzu, besonders deshalb, weil ich gegenwärtig nur mit einem völlig ungenügenden Apparat arbeite; in der Hauptsache begnüge ich mich mit dem, was in Kittels Bibl. Hebr. mitgeteilt ist, und dem, was mir kritische Überlegung an die Hand zu geben imstande ist.

V. 6 ist zweifellos teils von fremder Hand absichtlich erweitert, teils während der handschriftlichen Wortüberlieferung unabsichtlich vermehrt worden. Letzteres ist in v. 6[b] geschehen. Man braucht den Halbvers nur zu übersetzen, um zu fühlen, daß er so nicht ursprünglich sein kann. Wer sagt: „Die auf Pfaden Gehenden gehen krumme Wege“? Die Worte ארחות ילכו sind zweifellos fehlerhaft und zu streichen, ferner ist nach LXX הָלְכוּ statt והלכי zu lesen. Im ersten Halbvers sind die Worte בֶּן־עֲנָת בִּימֵי יָעֵל absichtlich zugesetzt, der genealogische Zusatz (ähnlich wie v. 24 die Angabe des Mannes der Jael nach 4 17) nach 3 31 und die chronologische Angabe nach der Jael nach v. 24. Nach Beseitigung dieser Erweiterungen erhalten wir eine Verszeile, die ohne Schwierigkeit nach dem Schema 3 : 3 gelesen werden kann; allerdings muß am Ende des ersten Halbverses, wie längst vorgeschlagen, אֹרְחוֹת (Karawane) gelesen werden. Die Verszeile lautet dann:

$$\text{הָלְכוּ נְתִיבוֹת עֲקַלְקַלּוֹת} \qquad \text{6 בִּימֵי שַׁמְגֹּר חָדְלוּ אֹרְחוֹת}$$

Die Lesung von חדלו ארחות als rhythmische Einheit ist ohne Bedenken; die Senkung bis zum dritten Hochton umfaßt nur drei volltönende Silben, ist also nicht viel breiter als die vor dem letzten Hochton des zweiten Halbverses. Inhaltlich ist der Vers so vortrefflich.

Schlimmer sieht es m. E. in den nächstfolgenden Sätzen aus. Um einigermaßen aus der Verwirrung herauszukommen, scheint mir v. 8 mit v. 7 zugleich in Betracht gezogen werden zu müssen. Zunächst bietet v. 7[bα] und [bβ] einen rhythmischen Parallelismus, der darauf hinweist, daß der Autor des Satzes Gefühl für den poetischen parall. membr. gehabt hat. Aber das bedeutet nicht zugleich, daß der temporale Satz auch schon der ursprünglichen Dichtung angehörte. Schon die Anknüpfung mit עַד שׁ, obendrein in dieser aramäischen Gestalt (statt hebr. עַד אֲשֶׁר oder עַד כִּי oder auch allenfalls des bloßen עַד), macht den Eindruck, als habe ein Leser zu der vorausgehenden Schilderung der schlimmen Zustände hinzusetzen zu sollen gemeint, dieselben hätten zwar bestanden, aber nur bis Debora aufgetreten sei. Besonders poetisch ist dies „bis daß“ sicher nicht. Dazu kommt aber die Schwierigkeit, die

die Form קמתי bereitet. Ist's die erste Person — und sie
so aufzufassen, liegt ja nahe —, dann wird hier vorausgesetzt,
daß Debora selbst die Dichterin ist, und das scheint ja mit
v. 1 vereinbar zu sein, aber kaum mit v. 12 (wenngleich hier
ja allenfalls auch eine Selbstaufforderung gefunden werden
könnte). Läßt man sich von v. 12 leiten und betrachtet
Debora richtiger als Objekt denn als Subjekt des Liedes,
dann ließe sich קַמְתִּי auch wohl verstehen als II p. fem. und
auch קַמְתִּי lesen. Indes, die Anrede der Debora in diesem
Satze wäre doch auch sehr auffällig, da bisher im Liede selbst
von der Debora noch mit keinem Worte die Rede war und
auch hernach in einer ziemlich langen Reihe von Versen noch
nicht die Rede ist[1]. Ich kann mir nicht helfen, je länger
ich den Satz auf mich einwirken lasse, um so stärker wird
die Empfindung, es hier mit einem Zusatz zu tun zu haben,
und zwar vielleicht von der gleichen Hand, wie die in v. 5[a].
— Ferner ist mit v. 8[a] auch nichts anzufangen. Der Sinn
des überlieferten Textes macht auch viel eher den Eindruck,
ein Fremdkörper zu sein, als der Originaltext, und an seiner
Stelle ein wesentliches Stück des ursprünglichen Zusammen-
hangs zu bieten. Die Verszeile läßt sich übrigens auch ganz
gut nach dem Schema 3 : 3 lesen, es muß nur auch אז hochbetont gelesen werden, was logisch im Satz durchaus gerecht-
fertigt sein würde. Ich unterlasse es, zu den Versuchen, den
Satz vermutungsweise abzuändern, um ihn der nächsten
Umgebung mehr anzupassen, einen neuen hinzuzufügen, glaube
vielmehr, ein solcher Versuch muß immer mißlingen. Ich
lasse ihn daher außer Betracht, stelle aber fest, daß er uns
ein sehr starkes Zeugnis für die große Korruption bietet, der
das Lied in seiner Überlieferung anheimgefallen ist. — Gehen
wir nun wieder auf v. 7[a] zurück, so ist beachtenswert, daß
LXX da, wo פרזון steht, δυνατοί übersetzt. Ob diese Übersetzung das hebräische פרי voraussetzt, ist nicht ganz sicher,
um so weniger als in v. 11 LXX da, wo wir פרזונו lesen,
αὔξησον (cod. A allerdings ἐνίσχυσαν) übersetzt. Nun steht
Prov. 14, 28 einmal רזון, wo zweifellos „Machthaber“ oder
Fürst (griech. δυνάστης) gemeint ist. Das kann für רזון ver-
schrieben sein. So könnte nun auch an unserer Stelle
ursprünglich רזון, oder des Verbums wegen wohl ein Plural,

---

1) LXX setzt עַד שַׁקָּמְתִּי voraus, aber es ist sehr fraglich, ob sie
das wirklich in ihrem Texte gelesen hat, ob sie nicht vielmehr von
einem richtigen Gefühl geleitet unwillkürlich von der Vorlage ab-
gewichen ist.

oder das geläufigere רֹזְנִים gestanden haben und unter dem Einfluß von v. 11 פרזון hier eingedrungen sein. Der Gedankenfortschritt von v. 6 aus wäre kein übler. Denn dort war auf Unsicherheit des Landes für Handel und Verkehr hingewiesen, die bewirkte, daß Karawanen das Land selbst mieden. Hier würde nun hinzugefügt sein, daß im Lande auch alle Obrigkeit aufgehört habe, also niemand mehr vorhanden gewesen sei, der Unsicherheit zu wehren. Woher die Unsicherheit kam, das lehrt natürlich der spätere Inhalt des Liedes. Sie war eine Folge der Bedrängnis der nördlichen Stämme durch die noch ungebändigten Kanaanäer. Nun scheint mir das zweite חדלו der Anfang des zweiten, inhaltlich dem ersten natürlich parallelen Halbverses zu sein, hinter dem also zwei Worte zu ergänzen sein würden, deren Verlust vielleicht eine gewisse Ähnlichkeit mit dem jetzt folgenden עד שׁק" דבורה herbeigeführt hat. Sollte der Halbvers etwa gelautet haben: חָדְלוּ בָעָם גבּוֹרִים (oder statt כעם auch בְּיַעֲקֹב?)? Vielleicht stand aber da: חָדְלָה ב" גְּבוּרָה. Gerade die Ähnlichkeit von גבורה mit דבורה könnte besonders leicht den Ausfall der zwei Worte veranlaßt haben. Dürften wir v. 7ᵃ so vervollständigen, so hätten wir formell wieder eine vortreffliche Verszeile nach dem Schema 3 : 3 und sachlich würde auch der zweite Halbvers den mit v. 6 begonnenen Gedankengang in bester Weise weiterführen. Außerdem würde v. 6 und v. 7ᵃ einen guten Zweizeiler bilden. Dem durch v. 7ᵃ bezeichneten Gedankenfortschritt würde sich nun weiter auch v. 8ᵇ, eine zweifellos rein überlieferte Verszeile nach dem Schema 3 : 3, inhaltlich ganz ausgezeichnet anfügen. Aber es fehlte diesem v. 8ᵇ zur strophischen Abrundung eine entsprechende Verszeile, eben weil v. 7ᵃ zu v. 6 gehört und v. 9 einen neuen Schritt in der Gedankenentwicklung einleitet. Von hier aus drängt sich nun die Vermutung auf, daß ursprünglich da, wo wir jetzt v. 8ᵃ lesen, die strophisch vermißte Verszeile stand, ja, daß in v. 8ᵃ die von jüngerer Hand künstlich und unter dem Einfluß einer späteren Geschichtsbetrachtung bewirkte Rekonstruktion der unverständlich gewordenen Trümmer des ursprünglichen Textes vor uns liegt. Es ist möglich, daß in der anscheinend von den Masoreten beabsichtigten Auffassung der Worte v. 8ᵃβ noch eine Spur des wirklichen Inhalts des ursprünglichen Satzes erhalten ist. Es könnte dort der Gedanke ausgesprochen gewesen sein, das Land sei voll Feindseligkeit gewesen, aber — das sagte dann v. 8ᵇ — von den Waffenfähigen hätte niemand den Mut oder den Trieb gehabt, dem Unheil zu

steuern. Wie aber v. 8ᵃ wirklich gelautet haben mag, kann
man auch so noch nicht ergründen. Da hört aller Scharfsinn
auf, auch LXX hilft mit keiner ihrer Textgestalten vorläufig weiter.

Mit v. 9 wendet sich der Dichter nun den Persönlichkeiten
zu, die bei der Erhebung mitgewirkt, um den traurigen, vorher
geschilderten Verhältnissen ein Ende zu bereiten. Vor v. 9
liegt also im Gedankenfortschritt ein auch für die strophische
Gliederung des Liedes zu würdigender Einschnitt. — V. 9ᵃ
ist auch wohl gut überliefert und bietet einen tadellosen dreihebigen Halbvers. V. 9ᵇ aber kann so, wie er jetzt lautet,
nicht ursprünglich sein. Hier dürfte doch wohl der v. 2 in
seiner heutigen Gestalt von übler Einwirkung gewesen sein.
Da in v. 10 eine direkte oppositionelle Fortsetzung zu חקקי יש׳
folgte, reißt v. 9ᵇ in seiner jetzigen Gestalt das Zusammengehörige völlig auseinander. M. E. muß ברכו gestrichen und
בְּעָם יהוה gelesen werden, dann ist alles in Ordnung; v. 9ᵇ
charakterisiert dann die חקקי יש׳ ganz vortrefflich. Rhythmisch
ist der Halbvers dann zu lesen: הַמִּתנדבים בְּעָם יהוה. Des
Dichters Herz ist Führern Israels zugewandt, die zuerst und
vor allen anderen in Jahwes Volk ihre Willigkeit, dem
herrschenden Elend abzuhelfen, durch die Tat bekundeten.
Ihre Willigkeit hebt sich um so stärker hervor, als sie in
unmittelbarer Fortsetzung von v. 8ᵇ gerühmt wird. — Der
erste Halbvers von v. 10 (bis צחרות) kann fehlerlos überliefert
sein; jedenfalls fügt er sich grammatisch glatt an v. 9, besonders v. 9ᵃ an. Aber die Angabe, sie hätten auf מִדִּין ge-
sessen (wobei die Bedeutung des Nomens auch noch erraten
werden muß und die aramaisierende Endung, falls der Sing. כַד
ist, auch den Einfluß mindestens einer jüngeren Abschreiber-
hand bezeugt), scheint mir eine recht überflüssige Ergänzung
des vorhergehenden Zugs in der Schilderung zu sein. Ich
zweifle gar nicht daran, daß es ein Zusatz ist, den wir —
zumal wenn es sich um die rhythmische Frage handelt —
getrost unterdrücken dürfen. Natürlich kann Staerk hier wieder
leicht Anlaß finden zu sagen, die Streichung sei nicht zwingend
motiviert; aber ich glaube trotzdem meinem kritischen Gefühl
folgen zu müssen und zu dürfen. Von והלכי (oder nach hebr.
Hdschr. auch ohne ו) an haben wir zwar deutlich wieder drei
Hebungen, aber einen bislang rettungslos verdorbenen Text.
Schon der Konstruktus vor על ist, wenn auch nicht ohne
Analogie, doch recht auffällig. Unmöglich ist aber zu sagen,
was hinter שׁיחו einst gesteckt hat. Ist דרך richtig, dann

müßte man ein Wort dort erwarten, das entweder das Ziel des Weges angab oder den Weg sonst irgendwie charakterisierte. Aber wer gibt uns Gewißheit, daß selbst דרך ursprünglicher Text ist und ob die Verderbnis nicht noch weiter gegriffen hat? Ich lasse das alles auf sich beruhen; ich kann nicht weiter kommen, aber das glaube ich auch hier wieder feststellen zu dürfen, daß die beiden strophisch zusammengehörenden, in v. 9. 10 enthaltenen Verszeilen von Uranfang an nach dem Schema 3 : 3 gestaltet waren.

In v. 11 haben wir m. E. noch zwei ursprünglich strophisch zusammengehörende Verszeilen, aber in arger Verwirrung und teilweise auch in ebenso arger Verderbnis. Der Gedankengang, der in der heutigen Gestalt von v. 11 ausgeprägt werden soll, ist noch ziemlich deutlich zu erkennen. Wie immer der erste Satz im einzelnen gemeint ist, jedenfalls wird vorausgesetzt, daß man sich bei Schöpfrinnen, d. h. an Tränkstätten für die Herden befindet; sodann wird in den beiden folgenden, natürlich eng zusammengehörigen Satzteilen erwähnt, man habe dort Jahwes Gerechtigkeits- d. h. seine Heilstaten im Liede gepriesen; danach endlich ist Jahwes Volk zu den „Toren“, d. h. vom Lande hinweg zur Stadt (an eine solche ist nach alttestamentlichem Sprachgebrauch bei den Toren zu denken) hinabgezogen[1]. Die richtige Auffassung des Satzganzen in der Folge seiner Teile wird durch שם und אז deutlich angegeben, aber diese Partikel bezeugen auch, daß der Urheber der vorliegenden Textgestalt sich von recht nüchterner prosaischer Überlegung hat leiten lassen. Da das Preisen Jahwes an den Tränkstätten geschah, war es selbstverständlich, daß das Hinabziehen zu den „Toren“ erst danach geschehen sein konnte. Daß dieser an sich ja vernünftige Aufbau der Sätze nicht schon vom ursprünglichen Dichter herrührt, sondern von einem späteren Bearbeiter des arg in Trümmer geratenen Liedes, ergibt sich an sich schon aus dem Vorhandensein der prosaischen Partikel שם und אז, deutlicher aber noch aus folgender Erwägung. — Sehen wir uns nämlich die einzelnen Sätze unter rhythmologischen Gesichtspunkten an, so kann nicht zweifelhaft sein, daß die Worte: בישראל ‥‥‥‥ שם יתנו die beiden Halbverse einer Verszeile enthalten, und nach Weg-

---

1) Ob wir an bestimmte „Tore“, d. h. an eine bestimmte Stadt denken sollen? Da gleich nach v. 11 die Aufforderung an Debora und Barak ergeht, liegt die Annahme nahe, es solle an ihre Stadt gedacht werden, zu der man hinabgezogen, um unter ihrer Führung sich wider die Feinde zu erheben.

lassung des prosaischen שֵׁם erhalten wir eine treffliche Verszeile nach dem Schema 3 : 3:

יְתַנּוּ¹ צִדְקוֹת יְהוָה   צִדְקֹת פִּרְזֹנוֹ בְּיִשְׂרָאֵל

M. E. haben auch die beiden noch übrigen Satzteile ursprünglich zusammengehört; sie auseinanderzureißen, dazu
gab der Umstand Veranlassung, daß der Bearbeiter des Textes
im letzten Satz schon die Lesart ירדו לשערים vorfand oder
doch vorzufinden meinte. Die Überlegung, daß „das Hinabziehen zu den Toren" erst nach dem Aufenthalt bei den
Schöpfrinnen und dem dort üblichen Lobpreis Jahwes geschehen sein könne, veranlaßte ihn, die Sätze so miteinander
zu verbinden, wie sie jetzt vor uns liegen. — Nun ist aber
unzweifelhaft, daß der Text in den beiden, an sich betrachtet,
eine gute gleichhebige Verszeile bietenden Sätzen so, wie wir
ihn lesen, nicht ursprünglich sein kann. Der erste Satz ist
einfach unverständlich. LXX hilft uns auch nicht; jedenfalls
darf das am Ende von v. 10 stehende שיחו nicht hinzugezogen
werden; die Masoreten haben es an der rhythmisch verlangten
Stelle belassen. Wir sind auf Konjektur angewiesen, wollen
wir die Worte im Zusammenhang rückwärts und vorwärts
einigermaßen verständlich machen. Von v. 9. 10 ausgehend,
wage ich nun eine Konjektur, bitte aber, das, was ich vor-
schlage, auch als nichts anderes anzusehen. Man lese als
ersten Halbvers: תְּקְעוּ בַּחֲצֹצְרוֹת בֵּין מַשְׁאַבִּים, d. h. die in v. 9. 10
gemeinten heldenhaften Männer stießen in die Trompeten an
den Schöpfstätten; sie taten dies, um das sich dort sammelnde
Volk zum Kampf zu rufen. Nun könnte man allenfalls den
letzten Satz so, wie er lautet, festhalten, wenn nur לשערים durch
etwas Passenderes zu ersetzen wäre. Es ginge leidlich, wenn
man dafür etwa לַשֹּׁאֲבִים einsetzen würde, dabei ließe sich sogar או festhalten. Der Sinn wäre dann: Auf das Trompeten-
signal hin kam zu den Schöpfenden, d. h. an die Schöpfstätte
Jahwes Volk. Indes, mir scheint (או halte ich, wie schon
gesagt, für Zusatz des Bearbeiters) die Verderbnis die beiden
ersten Worte betroffen zu haben. Ich vermute, es hat dort
etwa gestanden יָרְעוּ בְּשָׁפְרֹת (vielleicht auch Perf. הֵרֵעוּ, aber

---

1) Ob יתנו (die Konsonanten auch vom Griechen gelesen, wie
sein δώσουσιν zeigt) richtig überliefert ist, muß ich sehr bezweifeln.
Es ist m. E. junge, von aramäischer Sprachgewohnheit aus vorgenommene Zurechtmachung eines in seiner Trümmerhaftigkeit nicht
mehr recht verstandenen Worts. Ob הוֹדוּ dastand (ob in der Form
יְהֹדוּ?)? Allerdings halte ich ein Perfekt für die ursprüngliche Lesart.

grammatisch und sachlich ist das Imperf. auch in Ordnung). Das heißt dann: Die v. 9. 10 gemeinten Führer gaben das Signal und Jahwes Volk erhob unter Šôfārblasen Kriegsgeschrei. Daran schlösse sich sodann ganz vortrefflich der Satz an, man habe Jahwes Heilshilfen gepriesen. So würde in durchaus poetischer Weise zum Ausdruck gebracht, daß der Aufruf zum Kampf wie die Begeisterung zum Beginn des Kampfes in der lebendigen Erinnerung an Jahwes Hilfe in der Vergangenheit und in der gewissen Hoffnung seiner Hilfe auch in der Gegenwart ihre Wurzel habe. Der so gewonnene Zweizeiler würde eine ebenso kraftvolle Fortsetzung des in v. 9. 10 vorausgehenden sein, wie er eine wahrhafte Vorbereitung der nächsten, die höchste Begeisterung atmenden, in v. 12[a. b] enthaltenen Aussage darbietet. Auch formell wäre der Zweizeiler als gleichhebiger (nach dem Schema 3 : 3) vortrefflich:

תקעו בחצצרת בין משאבים הריעו בשפרת עם יהוה

הורו צדקות יהוה צדקת פרזונו בישראל

Den einzigen schlimmen Fehler hat freilich die Sache, daß der Text lediglich auf Vermutung beruht, also, wie Staerk sagen wird, eine Umdichtung des „guten alten" überlieferten Textes darbietet. Indes, ich hoffe, nicht alle Leser werden so urteilen, vielleicht Staerk auch selbst nicht mehr.

Inhaltlich schließen sich die beiden in v. 12 enthaltenen Verszeilen im ganzen gut zu einem Zweizeiler zusammen. Im einzelnen aber ist nicht alles sicherer Text. Auffällig ist in v. 12[a], daß Debora nur ein Lied „reden" soll. Im Zusammenhang erwartet man eigentlich etwas anderes; auch die Prosaerzählung (4 6 ff.) berechtigt uns dazu. Nun setzt auch LXX cod. A Luc. Syr.-Hex. für v. 12[aβ] etwas anderes und nach meinem Gefühl Passenderes voraus: ἐξεγείρου μυριάδας μετὰ λαοῦ (σου); dabei ist aber wohl μετὰ zu streichen. Ein diesem Text entsprechendes: הָעִירִי רִבְבַת עַם (oder רבבת עמך) würde einen guten dreihebigen Halbvers bieten und zugleich dem sachlichen Zusammenhang mehr als der überlieferte Text entsprechen. Für die rhythmologische Beurteilung ist es gleich, wie wir lesen, ob nach dem hebräischen oder nach dem griechischen Text. — In v. 12[b] ist der erste Halbvers verstümmelt; es sind nur zwei Hebungen vorhanden. Indes, hier hilft LXX in den schon oben genannten Zeugen zurecht. Danach dürfen wir der Halbvers so lesen: הֲזַק קום ברק (oder vielleicht auch קומה, freilich ohne rhythmischen Zwang). Hier wirkt die Aufeinander-

folge der Hochtonsilben (getrennt natürlich durch eine Sprechpause) durchaus kraftvoll. Der zweite Halbvers ist rhythmisch
dreihebig und ohne Schwierigkeit. Aber ob der Text wirklich
in Ordnung ist, ist eine andere Frage; fraglich ist auch, ob
die Korrektur des שביך in שְׁבֶיךָ den ursprünglichen Text wiedergibt. Wir müssen uns freilich damit begnügen.

In v. 13—15 ist der Text in einem trostlosen Zustande.
Gewiß kann man erraten, was ungefähr der Inhalt des Ab-
schnittes im ursprünglichen Liede gewesen ist. Aber geht man
auf den einzelnen Satz und seine Bestandteile näher ein, so
sieht man sich allenthalben gehemmt und fühlt sehr bald, daß
der Text sehr schwer gelitten hat. Selbst die Wiederholung
desselben Satzes — allerdings mit geringen Verschiedenheiten —
v. 15[b]. 16[b] ist ein Beweis dafür. Ich unterlasse es, hier ohne
einen größeren kritischen Apparat zu den alten Vorschlägen
zur Textverbesserung neue Vermutungen hinzuzufügen. Eins
aber darf ich nicht übersehen. Unzweideutig scheint auch
noch aus diesen schlecht überlieferten Texten die ursprüngliche
Dreihebigkeit der Halbverse herauszublicken. So ist dies
der Fall in v. 13[a] (wenn man von dem gänzlich unverständ-
lichen עם absieht); ebenso in v. 13[b], auch in v. 14[aα] (allerdings ohne das auffällige מני am Anfang) und v. 14[aβ], ferner
auch in v. 14[bα] (ohne מני) und nicht weniger in v. 14[bβ], wenn
das auch nicht verständliche ספר außer Betracht bleibt. In
v. 15[aα] (bis דברה) haben wir auch einen dreihebigen Halbvers,
ebenso in v. 15[aγ] (von בעמק an), sowenig der Text auch ursprünglich sein kann. Dagegen ist mit v. 15[aβ] (וישׁשכר כן ברק)
und v. 15[b]. 16[b] rhythmisch nichts anzufangen; diese Sätze
machen durchaus prosaischen Eindruck. Für die Lösung der
rhythmologischen Aufgabe bieten diese Verse jedenfalls kein
für meine These ungünstiges Zeugnis, und das ist immerhin
bedeutsam.

V. 16[a] kann gut überliefert sein, nur möchte ich den
Artikel von משפתים tilgen; durch ihn wird der Senkungsbereich
zwischen den beiden Hochtonsilben zu breit und die Präposition
mit Hochton (also den Halbvers als vierhebig) zu lesen, dazu
liegt keine Veranlassung vor. Der Artikel gehört aber auch
im Deboraliede nicht gerade zur poetischen Diktion. Auch
das Wort עדרים am Ende des zweiten Halbverses ist zweifelhaft, LXX (B ἀγγέλων A: ἐξεγειρόντων) scheint עירים oder צירים
vorauszusetzen. Letzteres könnte paläographisch allenfalls auf
eine שָׂרִים als ursprüngliche Lesart hinweisen, nur paßt dazu
שׁרקות nicht. Ersteres = ἄγγελοι würde allein vom aramäischen

Sprachgebrauch aus (vgl. Dan. 4 10ff.) verstanden werden können, während auch das Hebräische ציר = Bote kennt. Der Parallelhalbvers legt nahe, von jenem עירים aus, falls wir annehmen dürfen, daß der Grieche ein Wort wie dies gelesen hat, ein רעים zu erraten. So würde v. 16ª keinen üblen Sinn geben. Ruben — um diesen Stamm handelt es sich nach der Umgebung — zieht es vor, sich bei den Hürden aufzuhalten und dem Spiel (Flötenspiel) der Hirten zuzuhören. — Zweifellos ist auch hier das rhythmische Schema 3 : 3.

V. 17ª kann in seiner überlieferten Gestalt nur nach dem Schema 4 : 4 gelesen werden, aber hier darf man nicht nur, sondern man muß auch fragen, ob der Text tadelfrei überliefert ist, und das ist er sicher nicht. Wenigstens ist im zweiten Halbvers למה verdächtig, das Targum und die Vulgata kennen es nicht, und die Gestalt nicht bloß des ersten Halbverses, sondern auch die Gestalt des allem Anschein nach strophisch zu v. 17ª gehörigen v. 17ᵇ spricht auch nicht für die Ursprünglichkeit des למה. Mit anderen streiche ich es also, und damit haben wir den zweiten Halbvers als dreihebig. Der erste Halbvers freilich scheint der Streichung eines Wortes zu widerstreben; auch die Versionen versagen hier. Indes, wenn wir bedenken, daß die Aussage, die Gileaditer weilten jenseits des Jordans, gegenüber den Aussagen über die anderen, dem Tadel des Dichters verfallenen Stämme, die irgendeinen charakteristischen Zug wenigstens andeuten, doch überaus farblos ist, so möchte ich schon um deswillen glauben, daß בעבר הי׳ nicht ursprünglicher Text ist. Aber was könnte da gestanden haben? Sollte etwa בָּעֲדָרִים die Grundlage für die überlieferte Lesart geboten haben? Daß בעדר׳ leicht in בעבר verlesen werden konnte, brauche ich niemandem zu sagen; ebenso leicht konnte jemand dann aber auch auf den geistvollen Einfall kommen, הירדן zuzusetzen, um dem Leser zu sagen, Gilead wohne im Ostjordanland, nicht etwa sonst in einem Winkel des Landes. Dagegen würde בעדרים sagen, die Gileaditer hätten es vorgezogen, bei ihren Herden zu bleiben (vgl. dazu Cant. 4 1), und das entspräche der Wirklichkeit ihres Lebens und fügt sich auch gut zu den Aussagen über die anderen Stämme in den folgenden Sätzen. So würde auch der erste Halbvers dreihebig sein, und diese Dreihebigkeit kritisch herbeizuführen, dazu sind wir zweifellos berechtigt, nachdem wir bisher erkannt haben, daß das Schema 3 : 3 wirklich die rhythmische Form der ursprünglichen Dichtung gewesen ist[1].

---

1) Nur anmerkungsweise will ich noch eine andere Emendationsmöglichkeit erwähnen. Möglich wäre auch, zu lesen: בָּבְּרוֹת = „bei

V. 17[b] scheint tadellos zu sein, wenngleich das ἀπ. λεγ. מפרציו nicht sicher gedeutet werden kann. Die Dreihebigkeit des ersten Halbverses ist zweifellos. Im zweiten Halbvers ist prinzipiell nichts gegen die Lesung von ועל mit Hochton einzuwenden. Vielleicht würde das logische Gewicht der Präposition im Satze deutlicher fühlbar sein, wenn wir sicher wüßten, was das von ihr abhängige Nomen meint. Aber, wie gesagt, gegen eine Lesung ועל מפרציו ist rhythmologisch nichts einzuwenden.

Auch v. 18 ist so, wie überliefert, sicher nicht ursprünglich. Gegen die Masoreten ist die Verszäsur natürlich vor ונפתלי zu setzen. Der zweite Halbvers ist so, wie er dasteht, unzweifelhaft dreihebig, aber sein Wortlaut ist unverständlich. Wie seine ursprüngliche Gestalt ausgesehen hat, vermag ich nicht zu ergründen. Im ersten Halbvers ist עם schwerlich ursprünglich. Schwerlich wird die Aussage über Sebulon anders formuliert gewesen sein als bei den ringsumher genannten Stämmen, denn wozu die Umständlichkeit: „Sebulon ist ein Volk, das . . . “? So hätte m. E. höchstens ein ungeschickter Prosaiker schreiben können; poetische Ausdrucksweise ist's nicht. Ich tilge daher ohne Bedenken עם, ebenso auch das am Ende stehende למות, denn dies scheint mir nur Glosse zu sein, die sagen soll, wie das חרף נפשו gemeint sei. Der Ausdruck ist in der Tat ungewöhnlich, soweit wir den Sprachgebrauch zu beurteilen vermögen, aber „seine Seele“ d. h. sein Leben geringschätzig behandeln (so etwa frei für חרף) kann in dem Zusammenhang des Liedes auch nicht besonders mißverständlich sein. Streichen wir die beiden Worte, so hat auch dieser Halbvers drei Hebungen, und die ganze Verszeile bekundet das Schema 3 : 3. Allerdings wird, wer wie Staerk „guten alten“ Text hier findet, wiederum mir den Vorwurf willkürlicher „Umdichtung“ nicht ersparen. Indes, nunmehr glaube ich doch, daß es für jeden, der sehen will, zuverlässig erwiesen ist, daß meine zu v. 19 ff. früher schon vertretene Ansicht, das Deboralied sei ursprünglich nur in Versen nach dem Schema 3 : 3 gedichtet, auch für den ersten Teil desselben Geltung hat, daß es also durchaus erlaubt ist, das Versschema nötigenfalls auch als textkritisches Hilfsmittel zu verwerten, also danach z. B. einen Satz wie v. 18 kritisch in Ordnung zu bringen.

<hr>

den Furten“. Von da aus ließe sich auch die Einfügung des „Jordans“ begreifen. Aber mir scheint das doch nicht gerade für die Gileaditer das Charakteristische gewesen zu sein.

Zu v. 19 ff. verweise ich auf meine Abhandlung in der „Zeitschr. der Deutschen Morgenländ. Gesellsch. 1902/03 (Bd. 56 und 57).

*

Blicke ich nunmehr, nachdem ich das von Staerk vorgeführte Material nachgeprüft, auf das rhythmologische Ergebnis zurück, so glaube ich in höherem Maße, als es Staerk glaubte sein zu dürfen, zu dem zuversichtlichen Urteil berechtigt zu sein, daß meine These der Wirklichkeit entspricht. Von Mischmetren kann in den hier behandelten Dichtungen keine Rede sein, soweit wir ihre Texte in ursprünglicher Gestalt noch besitzen, wieder zu gewinnen oder doch wenigstens noch zu ahnen vermögen.

Nun hat Staerk auch auf die in meinen „Grundzügen“ behandelten lyrischen Texte Bezug genommen, und meine Bearbeitung dieser Texte nach ihrer rhythmologischen Seite und auch in bezug auf die damit eng zusammenhängende literarkritische Beurteilung derselben beanstandet. Da er nicht der erste ist, der das getan, gibt mir das zwingenden Anlaß, mich eingehender dazu zu äußern und durch neues Material meine Position zu verstärken.

———

II.

Prophetenlyrik und Psalmendichtung.

Staerk sagt in seiner Schlußbetrachtung (S. 202), das von ihm herausgestellte vermeintlich sichere Ergebnis finde besondere Stütze in „der überraschenden Menge gemischter Schemata in einwandfreien Texten der prophetischen und Psalmen-Lyrik“. Zunächst fragt sich indes, wie es sich mit dem Textcharakter der lyrischen Stücke in Wirklichkeit verhält, die Staerk für einwandfrei hält. Daß ihm der philologische Blick für mancherlei Unebenheiten und Gebrechen in den überlieferten Texten poetischen Inhalts und poetischer Form nicht gerade in besonders hohem Maße eigen ist, hat, denke ich, meine bisherige Nachprüfung genugsam dargetan. Er steht dem überlieferten hebräischen Texte mit einem Ver-

trauen gegenüber, das nach dem Ertrage der bisherigen textkritischen und exegetischen Arbeit am alten Testament das
Maß des Erlaubten, wie mir scheint, erheblich überschreitet.
Man braucht noch lange nicht bis zu dem Mißtrauen gegenüber dem masoretischen Texte fortgeschritten zu sein, das
gerade in unseren Tagen wieder Vertreter gefunden hat, man
kann ihm vielmehr — wie ich es selbst tue — prinzipiell mit
hoher positiver Wertschätzung begegnen und muß dennoch
anerkennen, daß wir allzu viel Anlaß haben, immer und immer
wieder die ursprüngliche Reinheit der Textgestalt in Frage zu
stellen, gleichviel, ob es sich um Verderbnisse handelt, die
infolge der zahlreichen Möglichkeiten einer Veränderung des
Textes während der handschriftlichen Überlieferung eingedrungen sind, oder um glossatorische Eingriffe von Lesern und
Herausgebern oder um redaktionelle Einarbeitungen von Stoffen
fremder Herkunft. Und daß gerade die prophetische Literatur
in dieser Beziehung besonders viel erlitten hat, gilt im allgemeinen heute doch wohl nicht als eine noch fragliche Sache,
wenigstens überall da, wo man mit wirklich kritischer ge-.
schichtlicher Erforschung des überlieferten Textzeugnisses
Ernst zu machen gewohnt ist. Und daß etwa die unzweifelhaft so viel gebrauchten Psalmen eine Ausnahme gebildet
hätten, ist von vornherein unwahrscheinlich. Zudem darf auch
nicht übersehen werden, daß die Sammlung von Psalmen, die
im Psalter vor uns liegt, eine komplizierte Vorgeschichte hat,
deren Kenntnis allein schon die Vermutung nahe legt, daß
auf den verschiedenen Stufen der Entwicklung dieser Sammlungs-
tätigkeit auch auf die Texte in ähnlicher Weise eingewirkt
worden sei, wie bei den Schriften der beiden ersten Teile des
alttestamentlichen Kanons[1].

---

1) Es ist nicht ohne besonderes Interesse, hierzu an eine Bemerkung zu erinnern, die sich in den wertvollen „Beiträgen zu einer
Einleitung in die Psalmen" von B. Jacob (in der „Zeitschrift f. d.
alttestl. Wissenschaft" XVI [1896], S. 158) findet. Dort lesen wir:
„Der Psalter hat Rezensionen und Redaktionen erfahren. Der Redaktionen hat man jedenfalls drei auseinanderzuhalten. 1. Die (wahrscheinlich mehrmalige) tempelliturgische a) für die Gemeinde und
b) für das Privatgebet; 2. die synagogenliturgische; 3. die literarische,
die Buchredaktion, vorgenommen nach den Gesichtspunkten redaktio-
neller Midraschim. Keine Art der Redaktion schließt die andere aus
und alle können von Redaktionen des Textes begleitet ge-

Das sind die in den sicheren Ergebnissen der bisherigen
kritischen Arbeit am alttestamentlichen Schrifttum wurzelnden
und, wie mir scheint, sehr wohl begründeten Voraussetzungen,
von denen aus ich an meine rhythmologische Arbeit heran-
getreten bin, die mich auch bei der rhythmisch-kritischen Bearbeitung aller von mir bisher öffentlich vorgelegten poetischen
Texte geleitet haben. Trotz aller Bekämpfung, die das von
mir vorgelegte Ergebnis meiner Arbeit erfahren hat, sehe ich
bis heute nicht den mindesten Anlaß zum Zurückweichen; im
Gegenteil, die stille Weiterarbeit hat mich nur noch bestärkt
in der Überzeugung, auf dem rechten Wege zu sein. Ich hoffe,
durch die vorliegenden Ausführungen, besonders durch das
neue Material, das ich hinzubringe, wenigstens nach und nach
auch weiteren Kreisen die Anerkennung abzuringen, daß meine
Arbeit auch da, wo sie tiefe Eingriffe in den überlieferten
Bestand der Texte zu tun genötigt ist, nicht auf vorgefaßten
Meinungen oder auf willkürlichen methodologischen Voraussetzungen beruht, daß ihre Methode vielmehr mir — wie es
tatsächlich der Fall ist — durch die Erfahrungen an der text-
lichen Wirklichkeit aufgedrängt worden ist.

Nun muß ich zunächst ein Wort über meine Stellung zu
den prophetischen Texten, auf die ja Staerk auch besonders
hinweist, hinsichtlich ihrer methodologischen Beurteilung hin-

---

wesen sein." Das ist es, was auch ich behaupte, nur daß mir dabei
noch besonders die kleinen besonderen Liedersammlungen und ihre
Vereinigung zu größeren Sammlungen die Bearbeitungsmöglichkeiten
gesteigert zu haben scheinen. Mit Recht hebt schließlich Jacob auch
hervor, „Prinzipien" hätten „so gewiß bei der Ordnung des Psalters
obgewaltet, wie beim Pentateuch, der Mischna, dem Talmud oder irgend
einem Buch der Welt", aber auch dazu glaube ich auf Grund meiner
Beobachtungen hinzufügen zu sollen, nicht nur bei der Ordnung der
Psalmen innerhalb des Psalters haben „Prinzipien" richtunggebend
gewirkt, sondern auch bei der Bearbeitung der Lieder, gleichviel, auf
welcher Stufe der Geschichte der Psalmsammlungen sie vorgenommen
wurde. Recht hat Jacob auch, wenn er neben der Stichwort-
theorie auch der Überzeugung Ausdruck gibt, daß z. B. auch eschatologische Gesichtspunkte bei der literarischen Redaktion mitgewirkt
haben könnten. Zweifellos haben gerade Interessen dieser Art, aber
auch andere durch die zeitgeschichtliche Lage der jüdischen Gemeinde
bedingte religiöse Interessen auch in Einarbeitungen und Überarbeitungen ihre Befriedigung gefunden, die bei sorgfältiger rhythmologischer und sachlicher Kritik zu einem guten Teil wieder ausge-
sondert werden können.

zufügen. Ich habe, wie jedermann aus der Einleitung in meinen „Grundzügen" entnehmen konnte, seinerzeit mit Absicht aus wohlerwogenen Gründen meine rhythmologische Untersuchung, soweit sie der Öffentlichkeit vorgelegt werden sollte, auf diejenigen Teile der alttestamentlichen Literatur beschränkt, die im engsten und eigentlichsten Sinne Erzeugnisse der Lyrik darbieten, dagegen alle diejenigen auszuschließen für richtig gehalten, die man „in erster Linie nicht als Erzeugnisse der Poesie, sondern nur als Erzeugnisse einer formal gehobenen Rhetorik oder Erzählungskunst" zu betrachten berechtigt sei (vgl. „Grundzüge" S. 8). Ich nahm dabei ausdrücklich die Prophetie des Deuterojesaja aus, eben weil dieser Prophet sich in Wahrheit als geborenen Lyriker erweist und als solcher hernach Prophet wurde. Ich beabsichtigte mit jener Ausschließung allerdings eine Erschwerung der Lösung des rhythmologischen Problems zu verhindern, wie sie sich mit Notwendigkeit ergeben mußte, wenn man einerseits, wie Sievers begonnen hatte, den Unterschied zwischen rhythmisch gehobener Prosa und wirklicher lyrischer Poesie verwischte oder doch zu verwischen in Gefahr stand, oder wenn man andererseits auch die Rhythmik der prophetischen Rede methodologisch ohne weiteres der Psalmenlyrik gleichstellte.

Ich wußte wohl, was ich tat, als ich diese Grenzbestimmung für meine Arbeit festlegte. Mir war selbstverständlich nicht unbekannt, daß die Gottesreden der Propheten, zumal der älteren Perioden, nach der formalen Seite der Ausprägung ihres Inhalts durchaus poetischer Natur sind. Meine Bearbeitung der Bücher Jeremia und Ezechiel in Kittels Bibl. Hebr.[1] und in Kautzsch' „D. heil. Schrift des A. Test.s", 3. Aufl., (hier auch Zephanja) bekundet einen gewissen Abschluß auch der rhythmologischen Seite meiner Arbeit an diesen Prophetenschriften. Danach ergibt sich, daß es mir völlig fern liegt, den poetischen Charakter der Prophetensprüche zu leugnen.

---

1) Ich muß hierzu bemerken, daß die rhythmische Gestalt der in Frage stehenden Stücke zumal des Buches Jeremia in der Bibl. Hebr. nicht rein meine Arbeit wiedergibt; aus besonderen Gründen hat der Herausgeber mancherlei abgeändert. In Kautzsch' Bibelwerk dagegen ist meine Arbeit unverändert geblieben, sie spiegelt also auch, soweit das in der deutschen Übersetzung möglich war, meine rhythmologische Beurteilung des überlieferten Textbestandes wieder.

Vielmehr weiß ich denselben sehr wohl zu schätzen. Ich habe auch eine ausreichende Empfindung für die individuelle Verschiedenheit der poetischen Gestaltungskraft der einzelnen prophetischen Persönlichkeiten. Zweifellos ist die natürliche Begabung in dieser Hinsicht bei einem Amos und einem Hosea, einem Jesaja und Jeremia oder Ezechiel, einem Micha und einem Nahum usw. ganz verschieden.

Einem Jesaja wird jeder Ausspruch einerseits durch die sich oft überstürzende Fülle herrlichster Bilder, die ihm zu Gebote steht, andererseits aber auch durch den ohne allen Zwang seinem Munde entströmenden formalen Rhythmus seiner Satzgebilde zum Gedicht. Aber seine literarische Hinterlassenschaft bezeugt doch auch bei ihm nicht unwesentliche Unterschiede. Man braucht nur Jes. 6 mit c. 5 oder die verschiedenen Abschnitte in c. 1 untereinander und mit Aussprüchen z. B. in c. 7 zu vergleichen, um sich davon zu überzeugen, daß Jesaja sich zwar immer als von Natur mit poetischer Gestaltungskraft ausgerüstet erweist, daß sich aber doch diese seine Begabung je nach der Stimmung oder dem Anlaß und der didaktischen Aufgabe seiner Aussprüche recht verschieden ausprägt und die formale Ausgestaltung seiner Gedankenreihen sich in verschiedener Höhenlage der lyrischen Stimmung und der rhythmischen Abmessung bewegt.

Noch stärker läßt sich das bei Jeremia beobachten. Auch er besaß zweifellos natürliche poetische Befähigung, aber er reicht darin nicht an Jesaja heran oder doch nur je und dann erhebt er sich — zwar nicht hinsichtlich der Stimmung, denn sie ist bei ihm mindestens ebenso stark bewegt und oft nach der trüben Seite hin weit tiefer erregt als bei Jesaja — zu der rhythmischen Höhenlage, auf der man sich bei Jesaja mit verhältnismäßig wenigen Ausnahmen fast immer befindet. Wir irren schwerlich, wenn wir auf Grund der im Jeremiabuche niedergelegten Überlieferung der prophetisch-rednerischen Wirksamkeit Jeremias voraussetzen, daß bei ihm die rhythmische Gestaltung seiner Aussprüche je und dann mindestens den Charakter gehobener rhetorischer Prosa angenommen hat und vielleicht in nicht seltenen Fällen nur noch Prosa war, daß also der mehr oder weniger prosaische Charakter mancher seiner Aussprüche nicht etwa bloß auf Rechnung des Baruch gesetzt werden darf.

In noch höherem Maße dürfen wir dies letztere für Ezechiel behaupten. Freilich auch bei ihm fühlt man selbst in unzweideutig prosaischen Redestücken noch etwas von rhythmischer Erhebung, auch von poetischer Gestaltung des Ausdrucks seiner Gedanken, aber im ganzen war er ein Mann prosaischer Rhetorik, und sehr bezeichnend ist dabei die Tatsache, daß er in seinen literarischen Aufzeichnungen fast immer ausdrücklich angibt, wo er ein Lied anstimmt. Vielleicht dürfen wir aus Ez. 33 32 entnehmen, daß er gerade mit solchen Liedern, zumal wenn sie sich in ihrem Inhalt gegen die Feinde Judas wendeten, das Entzücken der Leute seiner Kolonie erregte. Und es ist das begreiflich, denn die Lieder, die in seinem Buche überliefert sind, bekunden auch heute noch, obwohl ihr Text meist in einem überaus beklagenswerten Zustand überliefert ist, eine immerhin beachtenswerte poetische Gestaltungskraft, wenn sie auch ihrem Gesamtcharakter nach nicht entfernt an die eines Jesaja, ja, selbst eines Jeremia heranreicht.

Natürlich handelt es sich bei den vorstehenden Ausführungen nur um eine ganz allgemein gehaltene, wenn man will, nur oberflächliche Charakteristik. Sie ließe sich auch auf die anderen Propheten ausdehnen, und die Stufenleiter der Charakterunterschiede der prophetischen Rhetorik und Schriftstellerei, nach der poetischen Befähigung der einzelnen Persönlichkeiten abgemessen, würde sich noch bunter gestalten. Ich sehe davon hier ab; vielleicht bietet sich mir Gelegenheit, darüber ein andermal mehr zu sagen. Ich wende mich nunmehr der besonderen Frage zu, die Staerks Urteil für mich jetzt in den Vordergrund gerückt hat.

Die Frage wäre danach zu beantworten, ob die prophetische Poesie, die nach ihrem formalen Charakter als Lyrik zu bezeichnen, obschon nicht ganz ohne Bedenken, wenn man sie in ihrer Gesamtheit betrachtet, doch immerhin gestattet sein mag, für die Mischmetrentheorie oder für die von mir vertretene These Zeugnis ablegt. Ich beabsichtige nun nicht, hier in eine ins einzelne gehende Untersuchung einzutreten. Ich muß mich für jetzt mit wenigem begnügen.

So stelle ich zunächst fest, daß nach meiner Erfahrung allerdings der eigentümliche Charakter der prophetischen Rede, die unmittelbar an die Erscheinungen des Lebens des Volkes oder einzelner seiner Teile oder gar einzelner Persönlichkeiten anknüpft und auf die Gestaltung des Lebens in der Gegenwart und für die Zukunft einwirken will, an sich nicht ohne weiteres geeignet ist, ihren ganzen Gedankengehalt in der Aufeinanderfolge seiner einzelnen Entwicklungsstadien auf der gleichen Höhe der Stimmung und demgemäß auch in der gleichen formalen Gestaltung der einzelnen Sätze zu erhalten. Die Propheten sind eben nicht einfach Lyriker, die von einer besonderen Stimmung ergriffen und fortgerissen das, womit ihr Herz erfüllt ist, in melodischen Rhythmen dahinströmen lassen, ohne sich darum Sorge zu machen, ob ihre Dichtung unmittelbare Wirkung auf Stimmung und Willen einzelner oder vieler Persönlichkeiten ausüben wird. Die Propheten sind Männer des praktischen Lebens und seiner Gestaltung. Sie wollen bestimmte Schäden ans Licht ziehen und haben die Absicht, in bestimmter Weise und Richtung auf ihre Gegenwart im allgemeinen oder auf den Willen und die Lebensführung einzelner oder einer Mehrheit von Einzelpersönlichkeiten einzuwirken. Dabei kann die Sprache und Satzgestaltung ihrer Rede je nach ihrer natürlichen Begabung in höherem oder geringerem Grade poetischen Charakter und rhythmische Form und Gliederung annehmen. Aber zu erwarten, daß diese formale Gestaltung ein in allen Sätzen gleichförmiges Ausmaß annehmen müsse, wäre unberechtigt, also prinzipiell verkehrt würde es sein, jeden über eine Mehrheit von Satzgebilden sich ausdehnenden Prophetenausspruch, der nicht nur in gehobenem sprachlichen Gewande sich darbietet, sondern auch unverkennbar in seinen einzelnen Sätzen rhythmisches Gepräge verrät, nach einem bestimmten Versschema aufteilen, gegebenenfalls dem sogar in der Mehrheit der Sätze erkennbaren Schema sich nicht fügende, im übrigen aber textlich tadellos überlieferte, auch in allen Teilen dem auszuprägenden Gedankenkomplex inhaltlich organisch verbundene Sätze gewaltsam anpassen zu wollen. So bin ich, wie ich schon in den einleitenden Worten zu dieser Arbeit bemerkte, in der Tat überzeugt — und weiche darin also zunächst von Staerk nicht ab —, daß die Rhythmik der Prophetenrede a priori gemischte Rhythmen oder Metren erwarten läßt, und die Prophetentexte erweisen, auch wenn man sie kritisch sorgsam gesichtet hat, die Richtigkeit dieser Erwartung. Natürlich ist das für die kritische

Behandlung der Prophetentexte von folgenreicher metho-
discher Wichtigkeit.

Indes, ist dem auch so, so ist damit doch nicht zugleich
ausgeschlossen, daß es bei den Propheten gelegentlich auch
Redegebilde gibt, die den Charakter von Liedern, gar von
sangbaren Liedern angenommen haben, und die dann auch
beanspruchen dürfen, rhythmologisch anders als jene zunächst
ins Auge gefaßten Aussprüche beurteilt zu werden. Und solche
Stücke gibt es wirklich, vielleicht ursprünglich mehr, als wir
heute bei dem Zustande der überlieferten Texte noch zu erkennen imstande sind. Wir dürfen solche Stücke überall da
erwarten, wo ein Prophet von einer Stimmung beherrscht
einen inhaltlich gleichartigen Gedankenkomplex zum Ausdruck
zu bringen sucht, wo er gewissermaßen unabhängig von den
wechselvollen Erscheinungen des ihn unmittelbar provozierenden
Lebens von einem bestimmten Objekt in der Tiefe seines
Herzens ergriffen gezwungen ist, sich der in ihm erzeugten
Stimmung hinzugeben und ihr entsprechenden rhythmisch-
melodischen Ausdruck zu verleihen so lange, bis sie sich er-
schöpft hat. Solche zu hymnenartiger Lyrik veranlassende
innere Erlebnisse der Propheten sind auch für uns noch erkennbar in der prophetischen Literatur vorhanden, und da läßt
sich dann auch deutlich feststellen, daß bei Ergüssen solcher
Art auch der Prophetensang mindestens geneigt ist, vom
ersten bis zum letzten Satz sich in die gleiche rhythmische
Form zu kleiden, also Mischmetren zu meiden. Ein paar Beispiele aus Jesajas Prophetie sollen dies illustrieren; ich denke,
sie werden ein wirksames Zeugnis für die Richtigkeit meiner
Position abzulegen imstande sein[1].

Keinem vernünftigen Menschen wird es natürlich in den
Sinn kommen, die sich zweifellos auf hohem rhythmischen
Niveau bewegenden Sätze, mit denen das Jesajabuch, 1₂₋₄,
anhebt, formell auszugleichen, sie durch kritische Eingriffe auf
ein bestimmtes rhythmisches Schema zurückzuführen. Gleichviel, ob diese Sätze von Uranfang an einen einheitlichen Aus-

---

1) Dazu vgl. Staerk, Ausgewählte poetische Texte des alten
Testaments. Heft I: Die Dichtungen Jesajas, 1907. Unsere verschiedene
Stellung zu dem überlieferten Texte und demgemäß auch die Verschiedenheit in unserer Beurteilung der rhythmologischen Verhältnisse
ist dabei deutlich und leicht erkennbar. Auf wessen Seite aber die
zutreffende Beurteilung zu finden ist, wird sich dem Leser auch ohne
weiteres ergeben.

spruch gebildet haben oder ob sie erst zur wirkungsvollen
Einleitung der Sammlung der prophetischen Aussagen Jesajas
zusammengefügt sind, für uns bilden sie eine Einheit und
dürfen als solche auch rhythmologisch beurteilt werden. So
beurteilt bieten sie uns aber ein recht kompliziertes Gebilde.
V. 2ᵃ verläuft nach dem Schema (2 : 2) : 2; v. 2ᵇ bietet das
Schema 3 : 2 (der zweite Halbvers: וְהֵם פָּשְׁעוּ בִי), v. 3ᵃ das
Schema 3 : 3 (im ersten Halbvers ist zu betonen יָדַע שׁוֹר), ebenso
v. 3ᵇ (in beiden Halbversen ist die Negation ihrem logischen
Gewicht im Satze entsprechend mit Hochton zu lesen). In
v. 4 geht die Aussage in sehr lebhaften Rhythmus über, dessen
Grundelement zweihebige Satzglieder sind. Zu lesen ist, wie
mir scheint: הוֹי גּוֹי חֹטֵא, dann עַם כֶּבֶד עָוֹן und so weiter bis zum
letzten, dreihebigen Satz נִאֲצוּ אֶת־קְ" יִשְׂרֵ". Die letzten zwei
Worte sind unsicher, sie fehlen in LXX und fallen nach den
letztvorhergehenden Aussagen fühlbar ab. Das sind scharf
zugespitzte Ausbrüche leidenschaftlichster Erregung über das
Wesen und Treiben des Volkes, die sich zwar in das wohl-
klingende Gewand rhythmischer Formen gekleidet haben, aber
darum doch noch nicht zur Lyrik werden in dem Sinne, wie
dies die Psalmen sind. Ich habe dafür keine andere zutreffendere
Bezeichnung als die rhythmisch gehobener Rhetorik. Und so
gibt es nicht wenige kleinere und größere Aussprüche Jesajas
mit gemischten rhythmischen Formen, von denen das gleiche
gesagt werden darf oder muß.

Demgegenüber steht aber nun ein Stück, wie das in
Jes. 1 21ff. enthaltene Klagelied. Hier haben wir es mit einem
Liede zu tun, mit einem Ausbruch wahrhaft tiefer lyrischer
Stimmung, dem freilich das prophetische Element insofern
nicht fehlt, als zugleich mit der Klage auch die Anklage, mit
der Rachestimmung auch der heilschaffende Wille Gottes nach
rhythmisch schönem, kräftigem Ausdruck drängt. Und wie
steht's nun hier mit der Form der Verszeilen? Sie sind
zweifellos ursprünglich alle von der ersten bis zur letzten nach
dem Schema 3 : 2 gestaltet gewesen. Freilich, jetzt ist der
Text nicht mehr rein erhalten; er bedarf kritischer Eingriffe,
aber sie vorzunehmen, ist nach dem allgemeinen Zustand der
Textüberlieferung im Jesajabuche unzweifelhaft berechtigt, und
übt man Kritik, dann ergibt sich folgende Gestalt des Liedes:

קִרְיָה נֶאֱמָנָה	אֵיכָה הָיְתָה לְזוֹנָה 21ᵃ
צֶדֶק יָלִין בָּה	צִיּוֹן¹ מְלֵאֲתִי מִשְׁפָּט 21ᵇ

---

1) So nach LXX zugesetzt.

22 כספֵּך היה לסיגים   סבאֵך מהול במים¹

23 a α) שריך² היו סררים   וחברי גנבים

23 a β) כלו אהב שחד   ורדף שלמנים³

24 b) הוי אנחם מצרי   ואנקמה מאיבי

25) ואצרף⁴ כבר⁵ סניך   ואסירה כל⁶-בדיליך

26 a) ואשימה⁷ שפטיך כבראשנה   ויעציך כבתחלה

26 b) יקרא⁸ לך עיר הצדק   קריה נאמנה

Daß v. 27 nicht mehr zu dem Liede gehört, obwohl er
nach dem gleichen Schema gebildet ist, ergibt sich schon
daraus, daß dort von Zion in dritter Person fortgefahren wird,
abgesehen von den sachlichen Gründen, die gegen die ursprüngliche Zugehörigkeit von v. 27. 28 zu dem Liede sprechen.
Sieht man nun aber auf die inhaltliche Zusammengehörigkeit
der Verszeilen von v. 21ᵃ an, so fällt sofort auf, daß sich je
zwei inhaltlich so zusammenschließen, wie ich oben angedeutet

---

1) Als Glosse von Duhm getilgt; מהול allein genügte dem In-
halte nach; indes, es ist vielleicht noch anders über den ganzen v. 22
zu urteilen, s. nachher!

2) Durch Schreibfehler (vgl. die Ähnlichkeit der vorhergehenden
Konsonantengruppe) ausgefallen; auch von anderen ergänzt (Budde u. a.).
Beachtenswert ist übrigens, daß bei der stichischen Schreibung des
Textes gerade über dem verloren gegangenen היו in der voraus-
gehenden Verszeile היה steht. Das könnte auch zur Übersehung des
היו mitgewirkt haben.

3) V. 23ᵇ bietet zwar zwei parallele Sätze, ist aber im übrigen
eine mehr prosaische als poetische Glosse zum Vorhergehenden und
soll sagen, woran man dort im besonderen zu denken habe; zur Sache
vgl. 5 22f. — Ebenso gehört auch v. 24ᵃ nicht zum ursprünglichen Bestande des Liedes.

4) Der Satz an der Spitze von v. 25: ואשיבה ידי עליך ist auch
eine glossatorische Auffüllung, die deutlich von dem refrainartig ausgesprochenen Gedanken in 5 25ᵇ, 9 11ff. ausgeht.

5) Vielleicht בַּכֻּר (Marti) zu lesen.

6) Nach dem parallelen סגיך ist vielleicht auch hier ursprünglich
nur בדיליך ohne כל gelesen worden.

7) So nach LXX statt ואשיבה.

8) Das vorangehende אחרי־כן ist prosaischer Zusatz. Vielleicht
ist ursprünglich zu lesen: וְקֹרָא. Ist יקרא ursprünglich, dann wird
besser auch an der Spitze von v. 25 und 26ᵃ ו getilgt, das ohnehin
am Anfang der Verszeile verdächtig ist; alle vorhergehenden Verszeilen haben kein ו.

habe. Wir haben da vier ganz dem von mir in meinen „Grundzügen" (vgl. S. 64f.) festgestellten Grundgesetz der Strophenbildung entsprechende Zweizeiler. Dabei ergibt sich dann aber die interessante Tatsache, daß v. 22 außerhalb der strophischen Gliederung isoliert dasteht. Es dürfte daher v. 22 wirklich eine Erweiterung sein, also nun auch nichts im Wege stehen, den zweiten Halbvers dreihebig zu lesen und כמים als ursprünglich anzusehen. So hebt sich der Vers dann auch rhythmisch aus dem Ganzen heraus. Daß er inhaltlich mit seinen besonderen Bildern sich auch nicht gut einfügt, jedenfalls keinerlei Wirkung auf den nächstfolgenden Satz verrät, sieht man bald ein, und auch das spricht für seinen glossatorischen Charakter. Dabei kann es dahingestellt bleiben, ob der Glossator auf Grund irgendeiner literarischen Erinnerung die Verszeile einfügte oder ob er sie in ihrem ersten Teile wenigstens im Hinblick auf v. 25[a] selbst geschaffen hat. Die kritischen Eingriffe, die sonst noch vorgenommen sind, werden, denke ich, nur von dem als ungehörig oder gar als „Neudichtung" meinerseits abgewiesen werden, der noch imstande ist, den überlieferten Text für unversehrt oder doch für so gut überliefert zu halten, daß solche Abstriche und Zusätze unmöglich erscheinen müssen, ohne die feste textliche Grundlage ganz zu verlassen. Mir indes scheint hier ein sehr gewichtiges Zeugnis vorzuliegen, daß auch ein Jesaja, wo er dazu getrieben war, seiner Seelenstimmung liedartigen Ausdruck zu geben, dies nicht anders tun konnte als unter Festhaltung des gleichen Versschemas durch alle Verszeilen hindurch.

Wir finden dazu noch andere Beweise. Es liegt natürlich besonders nahe, zunächst auf Jes. 51ff. zu blicken, wo der Prophet selbst sagt, daß es ein Lied sein solle, was er nun zu sagen hat, und wie steht's da mit der formalen Gestalt der Sätze? Das eigentliche Lied ist zunächst enthalten in v. 1. 2 und lautet so:

שׁירה¹ לכרמׄו	1ᵃ אשׁירה נא לידיׄדי
בקׄרן בן־שׁׄמן	1ᵇ כרׄם הׄוה לידיׄדי

---

1) Überliefert ist שִׁירַת דּוֹדִי, aber das ist trotz seiner Bezeugung auch durch die Versionen nicht ursprünglich; schon inhaltlich macht es nach dem ersten Halbvers erhebliche Schwierigkeiten; durch einen Schreibfehler dürfte die Veränderung des schlichten Textes bewirkt sein.

2a מְשֻׁכָּה חֲזֵקְהוּ ויסקלהו¹   ויטעהו שֹרק

2b ריבן מגדל בתוכו   וגם‎יקב חצב בו

2c ויקו לעשות ענבים   ויעש באשים

Hier haben wir jedenfalls wieder Verszeilen ursprünglich der gleichen rhythmischen Grundform. Ob alle fünf Verszeilen ursprünglich sind, halte ich nicht für sicher. V. 1ᵃ und 1ᵇ schließen sich inhaltlich zu einem guten Zweizeiler zusammen; v. 2ᵃ und v. 2ᶜ würden ebenfalls einen inhaltlich wohl in sich zusammenhängenden Zweizeiler bieten. Daß der Weinberg gute Trauben bringe, dazu konnte natürlich nicht das mindeste beitragen, was wir in v. 2ᵇ lesen. Von der Kelter hängt das ja nicht ab. Dazu ist auch wohl zu beachten, daß in v. 5 ff. auf die Keltereinrichtung kein Bezug genommen wird. Es ist also möglich, daß v. 2ᵇ erst später eingefügt ist. Rhythmologisch ist es ohne Bedeutung.

Das Lied ist, wie gesagt, damit zu Ende, aber nun ist sehr bemerkenswert, daß auch in den folgenden Sätzen, in denen die Prophetie zur Geltung kommt, zunächst das gleiche Versschema noch deutlich durchklingt, bis es von v. 5ᵇ an, der sich steigernden Erregung der Stimmung entsprechend, einem lebhafteren, energischeren Platz macht. Ich halte es — auch mit Rücksicht auf die mich hier beschäftigende besondere Frage — für vorteilhaft, auch diese Sätze noch anzuführen. Rhythmisiert lauten sie so:

3a וערה יושב ירושלם   ואיש יהודה²

4a מה עוד³ לעשות לכרמי   ולא עשיתי בו

---

1) V. 2ᵃ beginnt mit „ויעזקהו ויסק", also mit zwei Worten, die nur dann drei Hebungen bieten, wenn beim ersten auch die Gegentonsilbe hochbetont wird, was an sich keine Schwierigkeiten bietet. Ich habe natürlich nur vermutungsweise mit Rücksicht auf v. 5 den Text, wie oben zu lesen, abgeändert. Ein Ausfall von משכה ist nach der konsonantischen Umgebung allenfalls begreiflich. Zum doppelten Accus. bei חזק vgl. Jes. 22 21.

2) V. 3ᵇ ist sachlich ja wohl gut, fällt aber aus der rhythmischen Gliederung heraus, und darum lasse ich die Worte weg. Man wird auch zugeben, daß v. 4ᵃ sich ohne v. 3ᵇ vortrefflich als Fortsetzung an v. 3ᵃ anschießt.

3) Hierher habe ich עוד gesetzt, überliefert ist es hinter לעשות, aber dort lautet es gar nicht gut. Eine fehlerhafte Umstellung ist leicht denkbar.

4b מדוע קויתי¹ ענבים   ויעש באשים

5a ועתה אודיעה־נא² אתכם   את־אשר אני עשה לכרמי³

Bis dahin beherrscht den Ausdruck noch eine relativ ruhige Stimmung; jetzt aber, wo sich Jahwe anschickt zu sagen, wie er den seine Hoffnungen enttäuschenden Weinberg heimsuchen will, wird er erregter und das spiegelt sich wider in dem äußerst lebhaften Rhythmus, dessen Schema 4 : 4 oder (2:2) : (2:2) ist⁴.

5bα הסר משכתו   והיה לבער

5bβ פרץ גדרו   והיה למרמס

6aα ואשיתהו בתה⁵   ולא⁶ יזמר

6aβ ולא יעדר   ועלה שמיר⁷

6b ועל העבים אצוה   מהמטיר עליו מטר

7aα כי כרם יהוה⁸   בית ישראל

7aβ ואיש יהודה   נטע שעשעיו

---

1) Überliefert hiernach לעשׂות; damit wurde der erste Halbvers vierhebig; aber notwendig ist das Wort nicht, und sein Eindringen vor v. 2ᶜ aus ist auch begreiflich. Möglich aber wäre auch, daß der Satz ursprünglich einfache Aussage war: קויתי לעשׂות ע" und מדוע erst nachträglich davor gesetzt wäre. Vielleicht ist das mit Rücksicht auf v. 2ᶜ sogar vorzuziehen. Auf die Einfügung des מדוע könnte sogar das v. 4ᵃ einführende מה עוד eingewirkt haben.

2) נא ist LXX fremd, lassen wir es weg, dann ist der Halbvers rhythmisch glatter und אודיעה zu betonen.

3) Das ist breite und nicht einmal schöne Prosa. So hat Jesaja selbst schwerlich hier geredet und geschrieben. Vielleicht stand ursprünglich dort nur: את־אשר אעשׂה (oder מה־אעשׂה לכרמי?). Das würde auch vollständig genügen. Jedenfalls darf von hier aus nichts gegen die Rhythmisierung gesagt werden.

4) Ich habe die Halbverse untereinander gestellt; der zweite Halbvers ist durch Einrücken kenntlich gemacht.

5) Hier bietet LXX: καὶ ἀνήσω τὸν ἀμπελῶνά μου, hebr. vielleicht: וְאֶשְׁמְטָה כַרְמִי. Das könnte ursprünglicher Text sein, vgl. Ex. 23 11. Das einleitende ו dürfte nicht ursprünglich sein.

6) So nach LXX; überliefert ist nur לא, aber rhythmisch ולא angenehmer.

7) Das darauf folgende ושׂית dürfte zugesetzt sein unter dem Einfluß sonstiger Ausdrucksweise Jesajas.

8) Das folgende צבאות stört den Rhythmus und als Zusatz leicht verständlich.

7bα   ויקו למשפט   והנה משפח

7bβ   .... לצדקה¹   והנה צעקה

Sieht man wieder genau auf den Inhalt, so erkennt man
leicht, daß auch hier je zwei Verszeilen sich strophisch zu einem
Zweizeiler zusammenschließen: v. 5ᵇα. ᵇβ mit v. 6ªα. ªβ und
ebenso v. 7ªα. ªβ mit v. 7ᵇα. ᵇβ fügen sich, wie man, denke
ich, anerkennen wird, inhaltlich eng zusammen. Dazwischen
steht wieder eine Verszeile, v. 6ᵇ, ganz isoliert und hebt sich
auch durch ihr abweichendes rhythmisches Schema aus der
Umgebung deutlich heraus. Der Gedanke, der darin ausgesprochen wird, ist an sich ja ganz trefflich, aber besonders
gut fügt er sich nicht in den Zusammenhang und hat obendrein auch keine bestimmte Anknüpfung in dem eigentlichen
Liedchen vom Weinberg, dessen Deutung hier geboten werden
soll, während der erste Zweizeiler sagt, alles, was zum Schutz
und zur Förderung des Weinbergs geschehen sei (vgl. v. 2ª),
solle wieder beseitigt werden, und er selbst solle der Ver-
wüstung und Verwilderung preisgegeben werden. Der Gedanke, es solle ihm auch der Regen versagt sein, liegt genau
betrachtet nicht in der Richtlinie der vor v. 6ᵇ stehenden
Sätze. Es ist daher sehr wahrscheinlich, daß v. 6ᵇ eine glossatorische Erweiterung bietet, also sein abweichendes Versschema keine entscheidende Bedeutung haben kann. Dazu
beachte man auch wohl, daß die Gottesrede mit v. 6 zu Ende
ist; in v. 7 redet der Prophet, und zwar von Jahwe in dritter
Person. — In v. 7ᵇβ entbehren wir im ersten Gliede des Halbverses eine Hebung; sie ergänzt sich allerdings aus dem Vorausgehenden leicht (ויקו). Ob der Text so, wie er lautet, ursprünglich ist, läßt sich nicht entscheiden. Vielleicht haben
wir hier eine rhythmische Freiheit, die der Prophetenrede
eigentümlich, daher unanstößig sein mag, die jedenfalls aber
Analogien hat².

---

1) LXX bietet für v. 7ᵇα. ᵇβ: ἔμεινα τοῦ ποιῆσαι κρίσιν, ἐποίησεν
δὲ ἀνομίαν καὶ οὐ δικαιοσύνην ἀλλὰ κραυγήν. Das deckt sich nicht
wörtlich mit dem hebräischen Text.

2) Eine zweifache formale Parallele dazu finden wir in Amos 5₂. ₃
(in v. 3ᵇ ist לבית ישראל m. E. sicher Zusatz). Dort haben wir je
einen Zweizeiler in v. 2 und v. 3, in denen die zweite Verszeile im
ersten Halbvers eine Hebung zu wenig hat; es muß in beiden Fällen
aus dem Vorausgehenden das Subjekt ergänzt werden. Für die Mischmetrentheorie darf diese Erscheinung keineswegs verwertet werden.
Da die fehlende Hebung sich ohne weiteres aus dem Vorhergehenden

Überblicken wir die drei Absätze des Textes, die wir in Jes. 51—7 finden, so ergibt sich, daß sie entsprechend dem Wechsel der Stimmung einen Wechsel im rhythmischen Schema darbieten. Aber daraus schließen zu wollen, diese Stücke legten für die Theorie von den Mischmetren Zeugnis ab, würde doch, wie mir scheint, sehr voreilig sein. Vielmehr scheinen sie mir zu beweisen, daß der natürliche poetische Gestaltungstrieb gegebenenfalls selbst einen Propheten veranlaßte, an dem gleichen Schema festzuhalten, bis ihn ein, in nicht geringem Maße auch von didaktischen Motiven abhängiger Wechsel in der Stimmung zu einer neuen Form führt.

Zum Beweise dafür lenke ich die Aufmerksamkeit noch auf ein paar andere Worte Jesajas. Zunächst beachte man 2 12—17; das Korpus der Strophe verläuft nach dem Schema 3 : 3, nur der Kehrverszweizeiler ist nach dem Schema 3 : 2 gestaltet:

12a כי יום ליהוה צבאות	על־כל גאה ורם¹
13 ועל־כל ארזי הלבנון²	ועל־כל אלוני הבשן
14 ועל־כל ההרים הרמים	ועל־כל הגבעות הנשאות
15 ועל־כל מגדל גבה	ועל־כל חומה בצורה
16 ועל־כל אניות תרשיש	ועל־כל שכיות החמדה
17a ושח גבהות האדם *	ושפל רום אנשים
17b ונשגב יהוה לבדו	ביום ההוא

. Lehrreich ist auch die Parabel in 28 23—25; sie bietet das Schema 3 : 3.

23 האזינו ושמעו קולי	הקשיבו ושמעו אמרתי
24 הכל יום³ יחרש החרש⁴	יפתח וישדד אדמתו

---

ergänzt, so bleibt in Wahrheit die Gleichförmigkeit der poetischen Sätze prinzipiell gesichert.

1) Es folgt noch ועל־כל־נשא ושפל. Das ist unnötige Auffüllung, uud das Schlußwort außerdem mindestens sehr auffällig; es wurde schon von LXX gelesen.

2) Darauf folgt הרמים והנשאים, aber es ist wiederum fremder, von v. 14 aus beeinflußter Zusatz, wenn es auch von LXX schon bezeugt ist. Übrigens dürfte ursprünglich am Anfang von v. 13—16 kein ו gestanden haben; ohne ו ist der Anfang der Sätze jedenfalls wirkungsvoller.

3) Überliefert ist הכל היום, das auch als rhythmische Einheit gelesen werden kann, aber schwerfällig ist; darum habe ich lediglich um des Rhythmus willen den Artikel getilgt. In der poetischen Diktion ist כל־יום oft statt כל־היום zu finden.

4) Es folgt noch לזרע, eine deutliche Glosse.

25 a הֲלוֹא אִם־שִׁוָּה פָנֶיהָ   קֶצַח¹ וּכַמֹּן יִזְרֹק

25 b וְשָׂם חִטָּה² וְשֹׂעֲרָה   וְדֹחַן³ וְכֻסֶּמֶת גְּבֻלָתוֹ

Damit schließt diese Parabel. Was v. 26—29 folgt, bringt
einen neuen lehrreichen Vergleich, der zwar inhaltliche Beziehungen zu v. 23—25 bietet, aber damit nicht von vornherein zusammengehört zu haben braucht. Der Text ist in
v. 26 ff. sehr übel überliefert, daher rhythmologisch auch nicht
sicher zu behandeln.

Diese Beispiele aus der Jesajaprophetie mögen genügen;
es wäre nicht gerade schwer, noch weitere aufzufinden[4]. Sie
genügen, wie mir scheint, zum Beweise, daß auch die prophetische Poesie sich im Ernst nicht gegen meine These verwerten läßt. Da, wo sie sich zu mehr oder weniger liedartigen
Ergüssen erhebt, macht sich auch in ihr der Trieb zu gleichförmiger Gestaltung der Verszeilen von Anfang bis zu Ende
geltend. Allerdings bringt die Eigenart der Aufgabe der
prophetischen Rede es mit sich, eben weil sie unmittelbar auf
das Leben der Gegenwart und die das Gemüt und seine
Stimmung manchfaltig und oft in schnellem Wechsel beein-
flussenden Erscheinungen desselben einzuwirken berufen ist,
daß der Prophet, auch wenn er ein geborener Dichter ist, unwillkürlich genötigt ist, von dem Zwang einer einheitlichen
Form aller Sätze seiner Rede sich loszumachen, also sich gemischter Former zu bedienen, wobei es geschehen kann, daß
der Wechsel der rhythmischen Formen von Satz zu Satz oder
von Periode zu Periode erfolgt, je nach dem schnelleren oder
langsameren Wechsel der Stimmung, von der der Redende
erfaßt wird und der er den formal entsprechenden Ausdruck
zu verleihen getrieben ist. Das ist aber dann nicht mehr
Lyrik im Sinne der Psalmen; vielmehr ist dies das, was ich

---

1) Überliefert ist vor קֶצַח das Verbum וְהֵפִיץ, ein Wort, das nur
hier für das Säen von Fruchtkörnern gebraucht ist. Mir scheint's
aus einer Doppelschreibung von קצח künstlich gemacht zu sein und
darum getilgt werden zu dürfen.

2) Das hier folgende שׂורה ist mit anderen als Schreibfehler,
Doppelschreibung von שׂערה, zu beseitigen.

3) So nach LXX u. a. Versionen mit Recht statt des schwer verständlichen נסמן zu schreiben.

4) So ist z. B. die Weissagung Jes. 11₁ff. ursprünglich in allen
Sätzen nach dem Schema 3 : 3 verfaßt gewesen.

rhythmisch gehobene Rhetorik nennen zu sollen glaube. In dieser Mischmetren zu finden, erregt wenigstens bei mir kein Erstaunen, gilt mir vielmehr als durchaus naturgemäß. Es wird aber eine dringende Aufgabe der weiteren rhythmologischen Forschung sein, soweit die prophetische Literatur für sie in Betracht kommt, den rhythmologischen Tatbestand genau festzustellen und dann zu untersuchen, wo und aus welchem psychologischen Grunde die prophetische Rede sich einerseits in Mischmetren, andererseits in gleichartige rhythmische Formen ergossen hat. Dabei darf die subjektive Eigenart der einzelnen prophetischen Persönlichkeiten und ihre besondere poetische Begabung nicht übersehen, muß vielmehr sorgfältig in Rechnung gezogen werden, soweit man sie zu erfassen imstande ist. Bei aller solcher rhythmologischen Arbeit aber — das haben, denke ich, auch die Jesajatexte wieder gezeigt — ist nie zu vergessen, daß wir nirgends unbedingt sicher sind, die reine ursprüngliche Gestalt des Textes vor uns zu haben. Ein gesundes, mit aller Umsicht und Vorsicht gepaartes Mißtrauen der überlieferten Textgestalt gegenüber ist wohl angebracht. Sorgsame Textkritik ist für die rhythmologische Arbeit eine unausweichliche Pflicht auch bei den deutlich rhythmisch gearteten Prophetentexten und nur auf Grund der Ergebnisse, die sie uns bietet, und in fortdauernder Wechselwirkung mit den textkritischen Erwägungen darf die rhythmologische Beurteilung der überlieferten Textgestalt erfolgen.

*

In meinen „Grundzügen“ (S. 8) hatte ich aus der prophetischen Literatur das Deuterojesajabuch ausdrücklich herausgehoben und gesagt, dies Buch erweise sich „bei genauerer Beobachtung in formaler Hinsicht weniger als eine Frucht prophetischer Rhetorik, denn als eine Frucht wirklicher Lyrik eines mit prophetischem Geiste gesalbten geborenen Dichters“. Ich halte dies Urteil auch heute noch aufrecht, ja, mit noch größerer Entschiedenheit als zur Zeit, da ich jenen Satz schrieb. Seitdem habe ich, wie ich in meinen „Grundzügen“ S. 25 in Aussicht stellte, das ganze Deuterojesajabuch (Jes. 40—66) einer das Textzeugnis der alten Versionen umfassend verwertenden, sorgfältigen textkritischen und zugleich

rhythmologischen Untersuchung unterzogen und das Ergebnis
der Arbeit[1] hat meine in jenen Worten liegende Überzeugung
im höchsten Maße bestätigt. Ich will und kann hier nicht
auf viel Einzelnes eingehen. Soviel aber darf ich sagen, die
Theorie der Mischmetren kann sich nicht auf Deuterojesaja[2]
stützen. Allerdings wechseln auch bei ihm die rhythmischen
Schemata, aber es läßt sich doch bald erkennen, daß bei ihm
der Trieb, die Entfaltung jedes besonderen, in sich zusammengehörigen Gedankenkomplexes in einem und demselben Versschema durchzuführen, seine poetische Gestaltungskraft ur-
wüchsig oder, wenn man will, prinzipiell beherrscht. Die
Ausgestaltung solcher Gedankenkomplexe wird ihm tatsächlich
immer zum Liede, ja, fast darf ich sagen, zum sangbaren
Hymnus. Das schließt nicht aus, daß gelegentlich auch einmal eine lebhaftere Gedankenbewegung einen schnellen Wechsel
auch in der rhythmischen Gestalt der aufeinander folgenden
Abschnitte der prophetischen Rede herbeiführt. — Nun darf
freilich bei der rhythmologischen Arbeit auch an der literarischen
Hinterlassenschaft dieses Propheten wiederum nicht übersehen
werden, daß die überlieferte Gestalt des Textes, neben vielen,
fast tadellos erhaltenen Teilen, im ganzen doch zahlreiche und
leider oft überaus schwere, ja, unheilbare Schäden erkennen
läßt, daß ferner nicht minder auch hier mit der Tatsache,
leider nicht nur mit der Möglichkeit, gerechnet werden muß,
daß die ursprüngliche Gestalt des Textes auch durch Eingriffe
fremder Hände mancherlei Veränderungen erfahren hat. Auch
dies Buch hat eine recht schwere Leidensgeschichte durchlebt,
ehe es in dem uns vorliegenden Zustande zur Ruhe gekommen
ist. Nur wenn wir das alles berücksichtigen, werden wir in

---

1) Dies Ergebnis liegt im Manuskript seit etwa fünf Jahren fertig
vor. Andere dringende Aufgaben, die mir jene Zeit brachte, und die
vielfach mich in der stillen Arbeit hemmende Wendung in meinem
Lebensgeschick haben mich bisher gehindert, die Arbeit an den Problemen dieser Prophetie weiter und zu Ende zu führen, und so ist das
Werk bisher unvollendet und ungenutzt liegen geblieben. Hoffentlich
kann ich mich ihm bald wieder zuwenden und gelingt auch seine
Veröffentlichung. Was ich hernach von seinem Text biete, mag zugleich als Probe von meiner Arbeit gelten.

2) Ich meine damit das ganze Buch. Die Unterscheidung eines
Tritojesaja von dem Deuterojesaja erscheint mir auch heute noch sehr
problematisch.

der Lage sein, auch rhythmologisch der Textüberlieferung gerecht zu werden.

Vor kurzem hat Staerk eine Studie zur Deuterojesaja-kritik (sie erstreckt sich nur auf Jes. 40—55) veröffentlicht[1]. In ihr schickt er der eigentlichen kritischen Untersuchung eine rhythmisch gegliederte Übersetzung des behandelten Hauptteils des Buches voraus. Zwar nimmt er den Text nicht ohne Kritik hin, bringt vielmehr eine erhebliche Anzahl von Korrekturen an, bekennt aber selbst in der Einleitung (S. 3), daß er „nicht so schnell geneigt sei wie Budde (mit dessen Auffassung und Bearbeitung dieser Prophetie er sich vornehmlich auseinandersetzt), den Text zu korrigieren und Streichungen vorzunehmen". Seine konservative Stellung gegenüber dem überlieferten Text geht meines Erachtens auch hier wieder über das erlaubte Maß hinaus. Er läßt Textstellen hingehen, ohne gegen ihre Ursprünglichkeit Bedenken zu empfinden, wo für mein Gefühl, sei es aus sachlichen, sei es aus formalen Gründen, gar kein Zweifel ist, daß die ursprüngliche Gestalt des Textes nicht so, wie sie uns überliefert ist, gelautet haben kann oder daß fremde Hände glossierend oder auch einen zertrümmerten Text rekonstruierend und zugleich bearbeitend eingegriffen haben.

Ich hatte in meinen „Grundzügen" (S. 68) das kunstvolle Strophengebilde vorgelegt, das Jes. 40 12–17 darbietet. Staerk hat darauf keine Rücksicht genommen. Der durch jene strophische Gliederung sich ohne weiteres heraushebende v. 16 macht ihm keine Beschwerde. Ja, er läßt, wie er durch den Druck zu erkennen gibt, in diesem Verse die mit v. 12 beginnende Gedankenentwicklung ihren Abschluß finden; er fühlt nicht,

---

1) „Die Ebed Jahwe-Lieder in Jesaja 40ff. Ein Beitrag zur Deuterojesaja-Kritik" (in Kittels Beiträgen zur Wissensch. vom A. Test. Heft 14), Leipzig 1913. — Die interessante und wertvolle Schrift macht meine Arbeit nicht überflüssig, zumal eine kritische Bearbeitung und Sicherung des Textes, die die unbedingte Voraussetzung für die Lösung aller anderen Fragen ist, zu denen dies Prophetenbuch Anlaß gibt, bleibt ein noch zu befriedigendes Bedürfnis, und dies zu befriedigen ist die von mir bereits fertiggestellte Arbeit, wie ich glaube, wirklich geeignet. Ich glaube aber auch zu den übrigen Problemen noch einiges sagen zu können, das durch Staerks Arbeit nicht unnötig gemacht ist, vielmehr fordert seine Art, die Probleme zu lösen, zu neuer Kritik heraus.

daß v. 17 inhaltlich mit v. 15 aufs engste zusammenhängt und daß die ganze Gedankenentwicklung von v. 12 an erst in v. 17 ihr Ende erreicht, an das sich dann mit fast interjektionaler Lebhaftigkeit v. 18 anschließt. Ich sollte meinen, es bedürfe kaum eines besonderen Beweises, daß der Inhalt von v. 16 aus der Richtlinie des Inhalts von v. 15 und v. 17 deutlich herausfalle und einen ganz fremdartigen Gedanken in die komparativen Aussagen über Jahwe in jenen beiden Versen hineinbringe. Mir scheint sich hier das sachliche Bedenken mit dem aus der strophischen Gliederung von v. 12—17 ergebenden Grunde gegen die Ursprünglichkeit von v. 16 in wirksamster Weise zu verbinden und den sicheren Beweis zu liefern, daß eine fremde Hand v. 16 eingefügt hat, die unter der Einwirkung ihrer Zeit, von anderen (kultischen) Motiven beherrscht, durch die Einfügung des Satzes v. 16 glaubte ein nach ihrer Überzeugung besonders gewichtiges Moment zu der mit v. 12 begonnenen Beweisführung für Jahwes absolute Erhabenheit über alle kosmische Größe und Macht, für die absolute Unabhängigkeit seines Wollens und Handelns von aller innerweltlichen Einwirkung hinzufügen zu sollen.

Begreiflich ist schon eher, wenn Staerk den arg zertrümmerten Absatz über die Bildgötter 40 19 f. (wozu er nach dem Vorgang anderer — vielleicht mit Recht — 41 6. 7 hinzunimmt; ohne Grund aber möchte er 40 20 als „Beischrift anderer Hand" ansehen) ohne Bedenken durchgehen läßt, obwohl schon gleich der Anfang von v. 19 für mein Sprachgefühl mindestens sonderbar und nicht gerade nach Deuterojesajas Art ist. Mir ist es demgegenüber nicht zweifelhaft, daß hier ursprünglich keine Auseinandersetzung über die Bildgötter gestanden hat, daß dieselbe vielmehr hier im ganzen ursprünglichen Umfang von fremder Hand eingefügt ist. Die Anregung dazu freilich war durch das Wort מה דמות in v. 18ᵇ gegeben. M. E. folgte ursprünglich unmittelbar auf v. 18 das, was in v. 21 steht. Auch durch die gleiche rhythmische Form, wie durch die in dieser zum Ausdruck gelangende gleiche Stimmung werden die beiden Verse miteinander verknüpft. Um das zu zeigen, will ich dieselben rhythmisiert beifügen:

13 וְאֶל מִי תְּדַכְּיוּן אֵל   וּמַה דְּמוּת תַּעַרְכוּ לוֹ

21ᵃ הֲלוֹא תֵדְעוּ   הֲלוֹא תִשְׁמְעוּ

21ᵇ הֲלוֹא הֻגַּד   מֵרֹאשׁ לָכֶם
21ᶜ הֲלוֹא הֲבִינֹתֶם   מִי יָסַד אֶת[1] הָאָרֶץ

Nach der auch in der rhythmischen Form der Sätze sich
ausprägenden verhältnismäßig ruhigen Stimmung, die die drei
Strophen v. 12—15. 17 beherrscht, erhebt sich die Rede des
Propheten zu diesen energischen Fragen an die Hörer, deren
fast stürmische Wucht auch in dem lebhaften Versschema
zum angemessenen Ausdruck kommt. Es ist das Schema
(2 : 2) : (2 : 2); man könnte aber ganz gut auch vier Verszeilen nach dem Schema 2 : 2 annehmen und träfe damit
vielleicht die poetisch-oratorische Tendenz des Propheten
besser. Gerade der wuchtige kurz abgemessene Schritt dieser
Form der Sätze würde der erregten Stimmung entsprechen,
in die der Prophet sich hier getrieben sieht. Übrigens ist
von kritischer Bedeutung, daß in der Schlußfrage מי יסד die
Frage wieder aufgenommen wird, die seit v. 12 an die hörenden
Juden gerichtet wurde: wer ist in Wahrheit der absolut
unabhängige Schöpfer und Herr von Himmel und Erde?

In triumphierender Ruhe der Stimmung fährt die Rede
dann in v. 22 fort, bis sie in v. 25. 26 in ein neues: „Wen
will man Jahwe gleichstellen? Wer ist Schöpfer und
gebietender Lenker der Kreatur?“ ausklingt. Der Stimmung
entspricht auch das Versschema. Näher darauf einzugehen
und nachzuweisen, daß auch dort sich der Trieb zur gleichförmigen Ausgestaltung der inhaltlich und stimmungsgemäß
zusammengehörigen Verszeilen wirksam erweist, unterlasse
ich jetzt. Ich darf dazu auf die zukünftige Arbeit hinweisen.

Ich verlasse damit die prophetische Literatur. Die
wenigen Tatsachen, die ich vorgeführt habe, müssen genügen,
darzutun, daß ich wirklich nicht die geringste Veranlassung
sehe, anzuerkennen, meine These lasse sich von hier aus als
unberechtigt erweisen.

*

Ebensowenig Veranlassung habe ich, meine rhythmologische
Kritik an den Psalmen als grundsätzlich verfehlt anzusehen.

---

1) Überliefert ist hier מוסדות; die jetzt von Ehrlich (Rand-
glossen zur hebr. Bibel, Band IV z. St.) vorgeschlagene, von Staerk
übernommene Korrektur in die oben stehende Lesart hatte ich lange
schon vorgenommen.

Staerk hat beispielsweise auf meine Behandlung von Ps. 42. 43
hingewiesen (S. 194). Besonders anstößig ist ihm, daß ich
„das unnachahmlich schöne Bild" v. 2 als nicht zum ursprünglichen Liede gehörig streiche, weil das Schema der Verszeile
gänzlich abweicht von dem sonst im Psalm gebrauchten. Er
beruft sich dabei auf Gunkels Urteil, der „mit Recht gesagt
habe, das ganze Gedicht sei dieses Anfangs wegen da". Dies
Urteil Gunkels in allen Ehren, aber irgendwelche maßgebliche
Bedeutung hat es nicht; es ist ein rein subjektives Werturteil,
das auf mich keinen Eindruck macht, da hier nicht das
Gefühl, sondern die nüchterne philologische Überlegung das
Urteil hat. Ich leugne nicht, daß v. 2 ein originelles
dichterisches Wort ist, aber es braucht darum doch noch
nicht auch von dem Dichter des mit v. 3 beginnenden
Psalms zu stammen. Es kann ebensogut aus der literarischen
Erinnerung von anderer Hand vor v. 3 gestellt sein, eben
weil v. 3ᵃ inhaltlich diese Erinnerung wachrief und dazu
einlud, das schöne, in seinem Rhythmus lebhafte Wort voran-
zustellen. Ja, wenn sonst in den Psalmen keinerlei glossatorische
Erweiterungen vorhanden wären — man hat solche vor-
gefunden, ehe ich daran denken konnte, mich an der kritischen
Arbeit überhaupt zu beteiligen —, dann wäre es eher berechtigt,
sich an meinem Urteil über jenen Vers zu stoßen. Aber es
liegt auch hier wieder so, wie bei den alten poetischen
Stücken, die Staerk behandelt: es mangelt an der erforderlichen umsichtigen Erwägung der gerade beim Psalter in
Betracht kommenden philologischen Tatsachen. So sagt er,
„um das vermeintlich durchlaufende Strophenschema zu gewinnen, sähe ich mich gezwungen, nicht weniger als acht
unanstößige Verse oder Versteile zu beseitigen". Die Zahl
acht stimmt nicht; er könnte mehr zählen. Indes, darauf
kommt es nicht an, wohl aber ist die Behauptung der
„Unanstößigkeit" der von mir ausgeschiedenen Sätze recht
kennzeichnend für Staerks Mangel an Empfindung für
ursprüngliche Reinheit, also für wirkliche Unanstößigkeit eines
Textes und für das Gegenteil. Kann er denn wirklich behaupten, 42₅ sei unanstößig? Oder will er das im Ernst von
42 11ᵃ behaupten? Daß sich v. 7ᵇ—8ᵇ besonders schön in
dem Gedankengang seit 3ᵃ und in der ihn beherrschenden
Stimmung ausnähmen, kann ich mir auch nicht einreden

lassen, und v. 9, so schön auch die in ihm ausgesprochenen Gedanken sind, ist, wie mir scheint, in der Gesamtstimmung des Liedes und besonders vor v. 10ᵃ doch nicht ganz unanstößig. Es ist auch sonderbar, daß 43 2ᵇ wörtlich 42 10ᵇ wiederholt. Der Vers paßt freilich auch nach 43 1. 2ᵃ, aber sollte der Dichter selbst ihn fast wörtlich wiederholt haben? Mir will das bei einem so originellen kraftvollen Dichtergeist, wie dem, der hinter dem Psalm steht, nicht in den Sinn. Kurz, von Unanstößigkeit eines Teils der von mir ausgeschiedenen Verse oder Versteile zu reden, ist nur dann möglich, wenn man des kritisch-philologischen Blicks in allzu hohem Maße ermangelt.

Aber abgesehen davon, meine Ausscheidungen beruhen methodologisch doch nicht lediglich auf rhythmologischen Voraussetzungen, so stark ich sie in Rechnung zu ziehen für berechtigt halte. Die unleugbare Tatsache, daß die Psalmen ebenso wie die Prophetenschriften nicht nur allerlei Verderbnis bei der Textüberlieferung anheimgefallen sind, sondern auch glossierende Bearbeitung erfahren haben, wofür längst vor mir die Exegese und Kritik genügend zahlreiche Beweise beigebracht hat, — diese Tatsache bildet die wesentlichste methodologische Grundlage für meine Literarkritik an den Psalmen. Dazu kommt aber noch ein anderes. Wir haben im alten Testament selbst noch den Beweis dafür, daß man aus Bestandteilen einzelner auch uns noch bekannter Lieder einen neuen Psalm komponierte. Ich erinnere an 1. Chron. 16 8—36, wo ein Lied aus Ps. 105 1—15, 96 1—13, 106 1. 47. 48 zusammengesetzt eingefügt ist. Es ist also an sich nicht gerade etwas Unerhörtes, wenn ich meine, voraussetzen zu dürfen, daß gelegentlich auch in schon vorhandene Lieder jemand sei es Bestandteile anderer ihm geläufiger Psalmen, sei es originelle Erzeugnisse seines eigenen mehr oder weniger poetisch begabten Geistes einarbeitete, um ihnen neue Lichter aufzustecken oder auch um sie für die besonderen Verhältnisse, für die er sie gebraucht wissen wollte, tüchtig zu machen.

Und nun frage ich weiter: sollte eine solche glossierende, erweiternde Bearbeitung gänzlich unterblieben sein, als man die einzelnen Lieder zunächst zu den noch vorhandenen kleineren Sonderliederbüchern vereinigte, um sie der praktischen Verwertung in einer bestimmten Zeit und unter bestimmten Verhältnissen zu übergeben? Ps. 42. 43 bilden den Anfang der Qorachsammlung. Mir scheint es durchaus denkbar, daß 42₂ an die Spitze des Psalms und damit an die Spitze des kleinen Liederbuchs gestellt wurde, als dies hergestellt worden ist, um der Gemeinde in ihrer gegenwärtigen Lage, die, wie Ps. 42. 43 ja als Ganzes deutlich bekundet, eine recht betrübliche war, zur Erbauung zu dienen. Ferner, sollten solche Eingriffe oder Überarbeitungen nicht auch dann wieder vorgenommen worden sein, als man die kleineren Liederbücher zu größeren Ganzen vereinigte? Ein Beispiel dafür nach einer besonderen Richtung, daß dies geschehen, haben wir in dem sogenannten elohistischen Psalter (Ps. 42—83). Beweist dies auch nicht viel, das scheint es mir doch zu beweisen, daß die Annahme auch einer tiefer greifenden Bearbeitung der Psalmen im Fortgang der Entwicklung der Psalmbücher nicht zu den Unmöglichkeiten gehört. Jedenfalls aber wird eine umsichtige philologische Betrachtung und Beurteilung der überlieferten Gestalt der Psalmen nicht umhin können, positiv mit der Möglichkeit einer solchen Bearbeitung zu rechnen. Ich sah mich genötigt, ernstlich hiermit zu rechnen, als sich mir im Laufe der Jahre bei meiner Arbeit an den Psalmen Beobachtungen aufdrängten, die es, gänzlich unabhängig von rhythmischen Unebenheiten, mir zur Gewißheit machten, daß Bearbeitungen der charakterisierten Art stattgefunden haben. Ganz besonders deutlich glaubte ich dies an dem sog. Pilgerliederbuch (Ps. 120 bis 134) zu beobachten[1].

Ich habe dies alles gesagt, nur um darzutun, daß methodologisch meine Psalmenkritik doch weiter und philologisch fester begründet ist, als Staerk vorauszusetzen scheint. Gerade die Ergebnisse meiner Beobachtungen und Arbeiten haben mir schließlich die Gewißheit gegeben, daß es auch berechtigt sei, den Rhythmus als Kriterium zur Feststellung der ursprünglichen Gestalt der Lieder und ihrer einzelnen Strophen und Verszeilen zu verwerten, und von dieser Berechtigung bin ich auch jetzt noch überzeugt, wieviel man auch gegen die Ergebnisse meiner Kritik der Psalmen einwenden mag.

---

1) Die Bearbeitung desselben lag vor, als ich meine „Grundzüge" veröffentlichte. Ich habe bedauert, daß ich diesen Teil meiner Arbeit ungedruckt lassen mußte. Hoffentlich bin ich doch noch einmal

Bei diesen Einwendungen, die ich mir natürlich gerne gefallen lasse, soweit sie als wohl begründet sich erweisen, habe ich über eines ganz allgemein zu klagen, soweit mir Kritiken zu Gesicht gekommen sind. Ich habe überall geglaubt vermissen zu dürfen, daß man einmal ernstlich versucht hat, die von mir nach allen Ausscheidungen als — soweit man das überhaupt sagen darf — ursprünglich herausgestellten Lieder wirklich als originale, in sich geschlossene Ganze aufzufassen und zu erwägen, ob ihre Verse und Strophen wirklich die vom Dichter gewollte poetische Gedankenentwicklung in befriedigender Vollständigkeit darbieten. Damit würde dann von selbst die Frage gegeben sein, ob die von mir ausgeschiedenen Bestandteile des überlieferten Textes wirklich als Glossen oder Erweiterungen durch jüngere Bearbeitung angesehen werden dürften oder ob sie für die im Liede beabsichtigte poetische Gedankenentwicklung wesentliche Stücke enthielten und demgemäß von mir mit Unrecht ausgeschieden sind. Daß bei der Beurteilung solcher Sätze die rhythmische Form nicht in erster Linie maßgebend sein kann, sondern nur als sekundäres kritisches Hilfsmittel in Betracht zu ziehen ist, versteht sich im Grunde von selbst. Ich habe mir bei meiner Kritik der Lieder diese Frage immer vorgelegt und mir Rechenschaft von der sachlichen Berechtigung meiner Eingriffe zu geben gesucht. Ob ich in dem den Texten beigefügten kritischen Kommentar das immer genügend deutlich ausgeführt habe, lasse ich dahingestellt. Aber es wäre Pflicht meiner Kritiker gewesen, ehe sie zu einem Verdikt meiner Arbeit übergingen, die Prüfung in der Weise, wie ich hier angedeutet, vorzunehmen[1].

Überblicke ich die von mir in den „Grundzügen" dargebotenen Lieder, so will mir scheinen, als seien darunter genug, die bei ruhiger Erwägung einerseits durch ihre überlieferte Gestalt zu bezeugen vermögen, daß meine Ansicht über die rhythmische Gleichförmigkeit aller in einem originellen Psalm enthaltenen Verszeilen wohlbegründet ist, andererseits durch die kritische Analyse, in der ich sie dargeboten, ebenso nachdrücklich beweisen, daß glossatorische Überarbeitung oder ten-

---

imstande, die Arbeit an den Psalmen ganz durchzuführen und zum Druck zu bringen.

1) Im übrigen verweise ich zu all diesen Bemerkungen auf den einleitenden (I.) Abschnitt in meinen „Grundzügen", besonders S. 9ff.

denziöse Erweiterungen, und zwar zuweilen solche recht umfang-
reicher Art stattgefunden haben. Ich sollte meinen, schon die
Lieder. im Anfang des Psalms seien wohl geeignet, nach beiden
Seiten hin ein lehrreiches Zeugnis abzugeben. Aber ich habe
bisher bei keinem meiner Kritiker bemerkt, daß man sich zunächst dem lehrreichen Eindruck hingegeben, den diese Lieder
im Sinne meiner These zu machen vermögen. Man hat sich
vielmehr allzu leicht und allzu schnell auf die Lieder gestürzt,
in denen ich glaube zum Teil recht umfangreiche Erweiterungen
erkennen zu müssen, und weil man sich bei den Psalmen an
die Tatsache solcher Erweiterungen nicht zu gewöhnen vermag, deren Behauptung in der prophetischen Literatur viel
bereitwilliger hingenommen wurde, so ist man alsbald mit dem
Schluß bei der Hand, meine These von der Gleichförmigkeit
aller ein originelles Lied bildenden Verse beruhe auf einem
Irrtum und führe zur Vergewaltigung des überlieferten Textes
oder behauptet gar, wie Staerk (S. 194), ich überschritte weit
„um einer erst zu beweisenden Theorie willen das durch den
Zustand des überlieferten Psalms (nämlich Ps. 42. 43) geforderte
Maß von Text- und Sachkritik". Für mich handelt es sich
nicht und handelte es sich auch schon damals, als ich die
„Grundzüge" vorbereitete, nicht mehr um eine noch zu be-
weisende Theorie, sondern, wie ich in den einleitenden Worten
deutlich genug gesagt hatte, um ein Ergebnis langjähriger
Beobachtung und Arbeit an den poetischen Texten des alten
Testaments. Und ich hoffe, daß man hinfort von dieser gegenwärtigen Arbeit aus es sich etwas ernstlicher angelegen sein
läßt, meiner Arbeit und ihren methodologischen Voraussetzungen
gerecht zu werden. Ich will aber nicht unterlassen, soviel
an mir liegt, eine ernsthaftere Erwägung meiner Position zu
ermöglichen, indem ich außer dem Hinweis auf ein paar in
den schon gedruckten Texten zutage liegende Tatsachen die
rhythmologisch-kritische Behandlung noch eines lehrreichen
Psalms hinzufüge[1].

---

[1] Ich kann es nicht unterlassen, hieran eine besondere Klage
anzuknüpfen. In den neuesten Einleitungswerken, in Steuernagels
vortrefflichem „Lehrbuch der Einleitung in das alte Testament 1912"
und in der neuesten (7.) Auflage der bewährten „Einleitung in die
kanon. Bb. des a. Test.s" (1913) von Cornill, sind zwar da, wo von
der hebr. Metrik die Rede ist, meine „Grundzüge" einer freundlichen
Berücksichtigung teilhaft geworden, aber in den dem „Psalter" und

Zunächst verweise ich auf Ps. 9. 10. Niemand, der ernstlich Kritik zu üben geneigt oder imstande ist, wird leugnen, daß 10₂₋₁₁ ein Einschub fremder Herkunft ist. Allerdings füllt dieser Einschub hier einen Verlust aus, den der ursprüngliche akrostichische Psalm erlitten hat. Aber so gut, wie eine solche Lücke von der Bearbeitung ausgefüllt werden konnte, ist es denkbar, daß gelegentlich auch einmal ein Bearbeiter aus anderen Gründen, aus Gründen, die in der subjektiven religiösen Erfahrung oder in einem zeitgeschichtlich nahegelegten didaktischen Bedürfnis gegeben sein können, eine kleinere oder größere Einarbeitung macht, sei es, daß er dazu den nötigen Stoff aus seiner literarischen Erinnerung schöpft, sei es, daß er ihn sich vermöge eigener dichterischer Gestaltungskraft selbst gestaltet. Ich meinte, Ps. 89 könnte dafür besonders lehrreich sein; darum fügte ich ihn in die Texte ein, als ich genötigt war, eine Auswahl aus dem druckfertig vorliegenden Material zu treffen. Daß in diesem Psalm die Verse 10—15 (drei vortreffliche Zweizeiler nach dem lebhaften Schema [2 : 2] : [2 : 2]) eine Einarbeitung sind, scheint mir nicht wohl bestritten werden zu können. Eine Lücke aber füllen sie nicht aus; die beiden Strophen in v. 16—19 schließen sich inhaltlich vortrefflich an die beiden ursprünglich in v. 2—9 enthaltenen Zweizeiler an, und man würde v. 10—15 nicht vermissen, wenn man sie nicht an ihrer Stelle läse. Daß ferner v. 39 ff. sich inhaltlich glatt an v. 18. 19 anschließt, wird auch schwerlich jemand leugnen, ebensowenig auch, daß das gleichartige rhythmische Schema zwischen ihnen ein deutliches Band herstellt. Sollte nun die lange, rhythmisch, aber zum Teil auch inhaltlich so wirre Periode von v. 20—38 wirklich von demselben Autor herrühren, von dem jene formell schönen und formal gleichgebauten und inhaltlich sich trefflich zusammenfügenden Verse und Strophen gedichtet sind? Für mich ist das eine unvollziehbare Vorstellung. Das Interesse, das zu der breiten Einfügung geführt hat, und die Stoffquelle, aus der der Autor derselben geschöpft hat, sind deutlich zu erkennen.

Ich glaube wirklich berechtigt zu sein, von ernsthaft philologischer ruhiger Erwägung aller in Betracht kommenden

dem „Hohen Liede" gewidmeten Paragraphen sucht man vergeblich nach einem Verweis auf sie, obwohl die den theoretischen Ausführungen beigefügten Texte nebst Kommentar so gut wie manche andere dort angeführte kritische Literatur verdient hätten, besonders genannt zu werden. Zumal beim „Hohen Liede" empfinde ich das besonders übel, weil ein 1893 von mir veröffentlichter Vortrag angeführt ist, den ich, wie meine „Grundzüge" zeigen, heute nicht mehr vertreten kann.

Umstände erwarten zu dürfen, daß meine Kritik nicht weiter
verdächtigt wird, als löse sie die überlieferte Gestalt des Liedes
auf bloß um einer eingebildeten Theorie willen. Man schreibe
sich doch einmal die von mir für das ursprüngliche Lied festgestellten Zweizeiler heraus und urteile dann, ob das ein Lied
sei, das einen völlig in sich geschlossenen Gedankengang dar-
biete und den Eindruck einer wirklich originalen Dichtung zu
machen vermöge. Man prüfe dann weiter die sachlichen wie
die formalen Gründe, die mich zu den Ausscheidungen, die
ich gemacht, bewogen haben. Kann man nachweisen, daß
damit ein dem Gedankenkomplex des ursprünglichen Liedes
unentbehrlicher Bestandteil beseitigt worden ist, dann will ich
das gerne anerkennen, und handelt es sich dabei um Verszeilen mit besonderem rhythmischen Schema — vorausgesetzt,
daß auch dies unbedingt als original angesehen werden darf —,
so will ich anerkennen, daß ein Dichter gelegentlich auch in
einem solchen Psalm Mischmetren anwenden konnte und an-
wandte. Aber ohne diesen Nachweis sehe ich keinen Grund,
von meinem Standpunkt abzugehen, und das, hoffe ich, soll auch
der Bußpsalm lehren, den ich nun neu hier hinzufüge, Ps. 102.

Ich lasse zunächst den Text in der von mir verarbeiteten
Gestalt folgen. Die Fußnoten enthalten nicht nur die nötigen
Bemerkungen zu den textkritischen Eingriffen in den überlieferten Text, sondern in sie sind auch die Glossen aufgenommen, die nicht in selbständigen Zeilen bestehen; technisch
ist so der Druck erleichtert und zugleich auch das Textbild
dem Leser deutlicher vorgestellt. Die rhythmologische Kritik
und das, was ich zur Textanalyse zu sagen habe, lasse ich
folgen.

Psalm 102.

וְשׁוּעָתִי אֵלֶיךָ תָבוֹא	2 יְהֹוָה שִׁמְעָה תְפִלָּתִי
הַטֵּה[2] אֵלַי אָזְנְךָ[3]	3 אַל־תַּסְתֵּר[1] פָּנֶיךָ מִמֶּנִּי

*

---

1) So nach LXX (ἀποστρέψῃς), auch Syr. Zu מִן "פ הסיר vgl.
2. Chron. 30 9 (vgl. auch dort LXX); überliefert ist אל־תסתר, das auch mit
zurückgezogenem Akzent gelesen werden könnte; zu dieser Betonung
bei אל vgl. 1. Kön. 2 20; Prov. 4 13, 30 6 (Ges.-Kautzsch, Gramm. § 72aa).

2) Überliefert ist vor הטה noch die Glosse ביום צר לי, vgl. Ps. 69 18,
welcher Vers auch mit פ" אל־תסתר beginnt, und an ihn erinnert sich
der Glossator.

3) Hier folgt noch ביום אקרא מהר ענני, vgl. dazu auch Ps. 69 18.

4 כָּלוּ כְעָשָׁן[2] יָמַי   וְעַצְמוֹתַי כְּמוֹקֵד נִחָרוּ

5 הוּכָּה כְעָשֶׂב[3] לִבִּי   שָׁכַחְתִּי[4] מֵאֲכֹל לַחְמִי

6 מִקּוֹל אֲנְחָתִי דָּבְקָה עַצְמִי לִבְשָׂרִי[5]

*

7 דָּמִיתִי לִקְאַת מִדְבָּר   הָיִיתִי כְּכוֹס חֳרָבוֹת

8 שָׁקַדְתִּי וָאֶהְיֶה[6] כְּצִפּוֹר בּוֹדֵד עַל־גָּג

9 כָּל יוֹם[7] חֵרְפוּנִי אוֹיְבִי   מְהוֹלָלַי בִּי נִשְׁבָּעוּ

*

10 אֵפֶר[8] כַּלֶּחֶם אָכָלְתִּי   וְשִׁקֻּוַי בִּבְכִי מָסָכְתִּי

11 מִפְּנֵי זַעַמְךָ וְקִצְפֶּךָ כִּי נְשָׂאתַנִי וַתַּשְׁלִיכֵנִי[9]

12 יָמַי כְּצֵל נָטוּי   וַאֲנִי כָּעֵשֶׂב אִיבָשׁ

*

Der Rhythmus kennzeichnet das Plus in v. 3[b] ohne weiteres als Glosse. Dazu liegt die Einwirkung einer bestimmten literarischen Erinnerung hier auf der Hand.

1) Überliefert כי כ״, aber כי prosaisch und überflüssig.

2) Die Lesart בע״ (so auch Ps. 37 20) ist sachlich schwierig, daher besser nach LXX wie oben zu lesen.

3) Im hebr. Text folgt hier ויבש, aber das ist sicher Glosse; der Gedanke wird erst v. 12[b] ausgesprochen; es stört natürlich auch den Rhythmus.

4) Auch hier überliefert כי ש״, aber schwerlich auch hier ursprünglich; rhythmisch ist es gleichgültig.

5) Das ist ein Prosasatz, den man freilich rein mechanisch auch als Vers (3:2) lesen kann, aber sein rhythmischer Charakter fällt fühlbar ab gegenüber den echten Versen. Es ist eine Glosse, die den in dem Zweizeiler ausgesprochenen Gedanken noch verstärken soll.

6) Eine Änderung von ואהיה in ואהמה oder anderes ist unnötig; der Satz ist aber so wie v. 6 nichts als Prosa, kann freilich mechanisch auch nach dem Schema 3:2 gelesen werden; er soll den Inhalt von v. 7 noch steigern.

7) Überliefert היום, rhythmisch ohne Artikel besser; sachlich ist die Lesung gleichgültig.

8) Überliefert כי א״, was rhythmisch ganz gut wäre, aber trotzdem halte ich es hier nicht für ursprünglich im Versanfang.

9) Schließt sich eng als Fortsetzung an das Vorausgehende an, ist in seiner ersten Hälfte infolgedessen völlig unselbständig, was den Satz ohne weiteres als nicht zum ursprünglichen Liedtext gehörig kennzeichnet. V. 11 kann ebenfalls rein mechanisch nach dem Schema 3:2 gelesen werden, aber um ein wirklicher Vers sein zu können, fehlt ihm die inhaltliche Einheit und Geschlossenheit.

13 ואתה[1] לעולם תשב　　　וזכרך לדר ודר

14 אתה תקום[2] תרחם ציון　　　כי עת לחננה　　　כי בא מועד[3]

15 כי רצו עבדיך את־אבניה　　　ואת־עפרה יחוננו

*

16 וייראו גוים את־שם יהוה　　　וכל־מלכי הארץ את־כבודך[4]

17 כי בנה יהוה ציון　　　נראה בכבודו

18 פנה אל־תפלת הערער　　　ולא בזה את־תפלתם

*

19 תכתב זאת לדור אחרון　　　ועם נברא יהלל יה

20 כי השקיף ממרום קדשו　　　יהוה משמים אל־ארץ הביט[5]

21 לשמע אנקת אסיר　　　לפתח בני תמותה

22 לספר בציון שם יהוה　　　ותהלתו בירושלם

23 בהקבץ עמים יחדו　　　וממלכות לעבד את־יהוה

*

24 ענה בדרך כחי　　　קצר ימי

25a אמר אלי אל־תעלני　　　בחצי ימי

*

---

1) Im überlieferten Text folgt noch יהוה, aber der Gottesname ist entbehrlich im Zusammenhang und, weil er den Rhythmus stört, ist er ohne Bedenken zu streichen.

2) תקום verdankt vielleicht nur fehlerhafter Doppelschreibung des folgenden Worts sein Dasein. Möglich ist es auch, daß תשב in v. 13[a] und die Erinnerung an die so oft in den Psalmen an Jahwe gerichtete Aufforderung קומה dem Autor von v. 14 das Wort in die Feder geführt hat.

3) Diese Worte sind vielleicht nur Variante zum vorhergehenden כו עת; jedenfalls sind sie überflüssig und können des Rhythmus wegen beseitigt werden.

4) Hier Suff. II p. sehr auffällig; in v. 16[a] und v. 17ff. ist von Jahwe in III p. die Rede. Es ist daher wohl כבודו zu lesen; es könnte das Suff. II p. von v. 15 her einem Abschreiber in die Feder geflossen sein. Der Halbvers ist dreihebig, während die zwei folgenden und auch die drei vorhergehenden zweiten Halbverse zweihebig sind; allenfalls ließe sich auch v. 13[b] dreihebig lesen.

5) V. 19. 20 kann man nach dem Schema 3:4 (oder 3:[2:2]) lesen; v. 19[a] könnte auch vierhebig gelesen werden, indem auch כדור betont würde, rhythmisch notwendig ist das freilich nicht. Da aber in v. 20 יהוה eigentlich recht überflüssig ist (vgl. יהלל יה v. 19[b]), so würde, wenn es als Zusatz betrachtet würde, v. 20 auf das Schema 3:3 gebracht werden, und das erhielten wir auch in v. 19, wenn wir, was durchaus ginge, ועם נברא als rhythmische Einheit unter einem Hochton läsen.

25b בַּדוֹר דוֹרִים שְׁנוֹתֶיךָ   ... ...

וּמַעֲשֵׂה יָדֶיךָ שָׁמַיִם   26 לְפָנִים הָאָרֶץ יָסַדְתָּ

*

וְכֻלָּם כַּבֶּגֶד יִבְלוּ   27a יֹאבְדוּ¹ וְאַתָּה תַעֲמֹד

28 וּשְׁנוֹתֶיךָ² לֹא יִתַּמּוּ   27b כַּלְּבוּשׁ תַּחֲלִיפֵם וַיַּחֲלֹפוּ

*

וְזַרְעָם לְפָנֶיךָ יִכּוֹן   29 בְּנֵי עֲבָדֶיךָ יִשְׁכּוֹנוּ

* *

Hier haben wir einen Psalm, der uns ein kompliziertes rhythmologisches Bild vor Augen stellt. Versuchen wir nun zunächst das Lied rhythmologisch zu analysieren.

Ich denke, wer das Textbild sorgfältig betrachtet, das ihm Ps. 102 in der von mir rhythmisierten Gestalt vor Augen stellt, wird ohne weiteres zugeben, daß hier ein recht kompliziertes rhythmisches Mosaik vorliegt. Aber kaum wird er übersehen können, daß auch inhaltliche Verschiedenheiten den formalen Unterschieden in recht bemerkenswerter Weise, wenn auch nicht völlig, so doch nahezu völlig parallel laufen. So wird, um eine besonders wichtige Differenz hier herauszuheben, in v. 2—15 Jahwe direkt angeredet, und in v. 25b—29 findet sich das wieder. Dagegen wird in v. 16—23³, aber auch in v. 24. 25 (v. 25 ändert ja daran in Wahrheit nichts) von ihm in dritter Person geredet. Schon diese Tatsache legt die Vermutung nahe, im Psalm nicht einer ursprünglichen Einheit gegenüberzustehen. Man kann doch fragen, ob der Gedanke, der in v. 16—18 ausgesprochen wird, in Fortsetzung von v. 14. 15 nicht ebenso wirkungsvoll, ja, wohl noch wirkungsvoller hätte ausgesprochen werden können, wenn die direkte Anrede an Jahwe beibehalten wäre. Allerdings weniger leicht wird man

---

1) Überliefert ist הֵמָּה יֹאבֵ"י, aber im Zusammenhang mit v. 26 ist ein solcher Rückweis nicht nötig, auch nicht um des Gegensatzes zum folgenden וְאַתָּה willen.

2) An der Spitze von v. 28 steht noch וְאַתָּה הוּא, das gewiß die stete Selbigkeit des göttlichen Seins und Wesens gegenüber dem Wechsel des geschichtlichen kosmischen Seins nachdrücklich hervorhebt, aber nötig ist sachlich der Satz im Zusammenhang (nach v. 27a) nicht gerade, und da die Worte den Rhythmus stören, ist es schwerlich zu beanstanden, wenn wir sie als eine Glosse streichen, die ohne Bild sagen soll, was vorher im Bilde gesagt ist.

3) Zu v. 16b vgl. die Fußnote z. Stelle.

dies von v. 19—23 sagen können. Denn der Jussiv v. 19[a]
ist nur begreiflich, wenn er an Menschen gerichtet ist, die
aufzeichnen sollen, was Jahwe gethan hat, die in ihrer Auf-
zeichnung alsdann naturgemäß von Jahwe in dritter Person
reden. In v. 24 f. ist unfraglich die dritte Person ursprünglich,
und nur auffällig, weil in v. 25[b] die Rede plötzlich wieder in
direkte Anrede übergeht. Auf alle Fälle ist der Übergang
zur Rede von Jahwe in dritter Person in v. 16 ff. nicht verständlich, wenn hier die gleiche Hand tätig gewesen sein soll,
die von v. 2 an Jahwe direkt angeredet sein läßt. Es ist
darum schon aus diesem formalen Grunde die Annahme ge-
rechtfertigt, daß der überlieferte Psalm keine ursprüngliche
Einheit darbietet. Zugleich haben wir damit ein Recht, zu
fragen, ob nicht noch weitere Gründe vorhanden sind, in der
überlieferten Gestalt des Liedes eine Komposition zu erblicken,
und ob wir nicht weitere Anhaltspunkte finden, die einzelnen
Bestandteile des Mosaiks wieder von einander abzusondern.
Solche Gründe und Anhaltspunkte sind in der Tat genügend
vorhanden.

Zunächst sei die Aufmerksamkeit auf den Inhalt gelenkt.
In den vier ersten Strophen, v. 2—12[1], ist das Subjekt überall
ein singularisches Ich. Nichts nötigt in diesen Zweizeilern
das Ich anders aufzufassen. Mit v. 13 nimmt das Lied inhaltlich eine auffällige Wendung; es fragt sich aber, ob v. 13 ff.
die natürliche Fortsetzung der mit v. 2 begonnenen Gedankenentwicklung bringt. Mir scheint, natürlicher als der Hinweis
auf Jahwes Ewigkeit wäre hinter v. 12 eine der ersten Strophe
(v. 2. 3) entsprechende, nur noch dringlichere Bitte um Jahwes
hülfreiches Einschreiten, da sonst es mit dem bedrängten Ich
ein baldiges Ende nehmen müsse, eingeleitet etwa mit einem
nachdrücklichen קומה oder עורה und vielleicht noch verstärkt
durch ein Eile forderndes Wort wie חושה oder מהר (vgl. die
Glosse v. 3[b]). Statt dessen folgt jetzt in v. 13 ein Hinweis
auf Jahwes Ewigkeit, aber was der an dieser Stelle soll. sieht
man nicht sofort ein.. Daß Jahwes Gedächtnis von einer
Generation zur anderen forterbt, was hat das für eine Bedeutung für das vorher klagende Ich? Man hat zunächst,
wenn man von der Strophe v. 10. 12 herkommt, das Gefühl, nur

---

1) Die kritischen Ausscheidungen, denke ich, sind in den Noten
ausreichend begründet. Das Recht, sie auszuscheiden, wird schwerlich
jemand leugnen, der Gefühl für den Rhythmus hebräischer Verse und
für echte Strophenbildung besitzt, oder der auch nur Glossenwerk
von ursprünglichem Texte zu unterscheiden vermag.

der Hinweis auf den sinkenden Lebenstag des redenden Ichs
habe Anlaß geboten, im Gegensatz dazu Jahwes Ewigkeit,
also seinen nie zum Abend sich senkenden Lebenstag hervor-
zuheben. V. 14 erst gibt die Möglichkeit, v. 13 im Zusammenhang nach rückwärts einen verständigen Sinn abzugewinnen.
Jahwe, für den es eben kein Ende in der Zeit gibt, wie für
das redende menschliche Ich, soll nicht allzu lange zögern,
sonst könnte er bald mit seiner Hülfe zu spät kommen, denn
es kann nicht mehr lange währen, bis es mit dem betenden
Ich zu Ende geht, — natürlich ein etwas auffälliger, wenn
auch durchaus möglicher Gedankenfortschritt. Indes, es kommt
anderes noch dazu, das zu erweisen geeignet ist, daß v. 13
nicht die ursprüngliche Fortsetzung von v. 2—12 darstellt.

Entscheidend ist der Umstand, daß das in v. 2—12 der
Hilfe Jahwes so bedürftige Ich hier plötzlich abgelöst wird
von Zion, und besonders auffällig ist, daß, wenn man von
v. 12 her an v. 13 ff. herankommt, man bei schlichtem natür-
lichem Verständnis auch in v. 13 ff. das von v. 2 an redende
Ich als Subjekt der Rede anzusehen genötigt ist, so daß also
dieses Ich plötzlich seine eigene Not vergißt und sich nur
noch für die Not Zions interessiert. Das ist doch nicht
gerade ein natürlicher Fortschritt der Gedankenentwicklung.
Man kann hier auch nicht mit der Auskunft kommen, in
v. 13 ff. rede der Dichter selbst, während das Ich in v. 2 ff.
von ihm zu unterscheiden und als das kollektive Ich des
Volkes oder Zions aufzufassen sei. Nachdem also Zion selbst
sein Geschick Jahwe vor Augen geführt habe, trete von v. 13
an der Dichter fürbittend für es ein. Aber wer sollte die
lange Reihe von Versen hindurch bei dem redenden Ich an
Zion denken, da auch nicht die geringste Andeutung sich in
v. 2—12 findet, daß das Ich nicht singularisch, sondern
kollektivisch gemeint sei? Mir scheint keine andere Lösung
der Schwierigkeit möglich als durch die Annahme, daß
v. 13 ff. nicht die ursprüngliche Fortsetzung von v. 2—12 ist,
hier vielmehr ein fremdes Stück beginnt.

Dazu kommt weiter die Tatsache, daß auch wenigstens
von v. 14 an die formale Gestalt der Sätze von der in
v. 2—12 herrschenden abweicht. Dort sind gleichhebige Verszeilen (nach dem Schema 3 : 3) in tadelloser Form. V. 13
läßt sich (nach Ausscheidung des יהוה im ersten Halbverse)
nach dem gleichen Schema lesen, wenn der zweite Halbvers
so rhythmisiert wird: זכרך לדֹר וָדֹר. Natürlich ist gegen diese
Lesung nichts einzuwenden, aber ebensowenig Schwierigkeiten

bietet die Lesung dieses Halbverses mit zwei Hebungen, wie im Text angegeben ist. V. 14. 15 lassen sich (v. 14 nach Abscheidung des Schlußsätzchens als Variante) nur als ungleichhebige Verse (Schema 3 : 2) lesen. Das gleiche gilt von v. 17. 18. In v. 19—23 fallen aus diesem Schema wenigstens in ihrer gegenwärtigen Gestalt v. 20 und v. 23 sicher heraus, während v. 20[b] und 19[b] vierhebig, aber letzterer ohne Schwierigkeit auch als zweihebiger oder auch als dreihebiger Halbvers gelesen werden kann (vgl. dazu die Anmerkung zum Text). Möglich wäre ferner, in v. 23[b] לעבדו‎ statt לע" את־יהוה‎ zu lesen. Indes, es ist fraglich, ob nicht diese rhythmischen Abweichungen in einzelnen Verszeilen auf die Hand desjenigen zurückgehen, der diese Verse überhaupt dem Psalm einverleibt hat; denn, ist das der Fall (und nahe liegt die Vermutung, daß es so ist), dann haben wir kein Recht, den Text einem anderen Schema anzupassen. Wie dem aber auch sein mag, die Tatsache bleibt bestehen, daß die rhythmische Gestalt der Verszeilen mit v. 13 oder sicher mit v. 14 eine Wandlung erfährt, die nicht dafür spricht, daß dieser Teil des Liedes von demselben Autor herrührt, der v. 2—12 geschaffen hat. Vereinigt sich dieser rhythmologische Tatbestand nun in so auffälliger Weise mit dem vorher aus dem Inhalt entnommenen Bedenken, so scheint mir der Schluß nicht nur nicht zu kühn, sondern direkt geboten zu sein, daß das mit v. 2 beginnende Lied in v. 12 zu seinem Abschluß gelangt ist, dagegen mit v. 13 diesem Liede ursprünglich gänzlich fremde Verse einsetzen.

Nun läßt sich dieser Schluß noch durch eine weitere rhythmologische Tatsache verstärken. In v. 2—12 gliedert sich die Gedankenentwicklung in vier regelrechte Zweizeiler. Diese regelmäßige strophische Gliederung hört mit v. 13 zunächst auf. Ja, v. 13 hängt geradezu in der Luft, während v. 14 und v. 15 sich zu einem nicht üblen Zweizeiler zusammenschließen. Die drei Verszeilen v. 16. 17. 18 bilden dann wieder eine inhaltlich. eng zusammengehörige Gruppe von Sätzen, und ebenso bilden v. 19—23 eine zusammenhängende Periode, die zwar rhythmisch gegliederte Sätze enthält, im übrigen aber der Prosa näher steht als guter lyrischer Dichtung. Jedenfalls wird auch diese rhythmologische Beobachtung für den, der die Berechtigung meiner Ansicht über die hebräische Strophenbildung nicht einfach leugnet, von Gewicht sein und jenen kritischen Schluß nur noch sicherer machen.

Ich habe schon gelegentlich auf die unerwartete Fortsetzung von v. 24. 25[a] in v. 25[b]ff. hingewiesen, und soeben glaubte ich feststellen zu dürfen, daß strophisch angesehen v. 13 vereinsamt dastehe. Nun beachte man ferner, daß, wenn auch im Wortlaut etwas verschieden, doch dem Inhalt nach v. 13[b] und v. 25[b] im wesentlichen dasselbe sagen. Mir scheint in Wirklichkeit ursprünglich v. 25[b] der zweite Halbvers zu v. 13[a] gewesen zu sein, mit anderen Worten: ich bin der Überzeugung, daß wir in v. 13[a] und 25[b]—28 zwei (nur durch einen kleinen Zusatz in v. 27 und 28 erweiterte) vollständige Zweizeiler besitzen, die die Ewigkeit Jahwes gegenüber der von seinem Willen abhängigen Zeitlichkeit der Schöpfung rühmen, und die vielleicht einst einer größeren Dichtung angehört haben mögen, von der wir nichts mehr besitzen, die aber jedenfalls ursprünglich nichts mit dem in v. 2—12 enthaltenen, wenn auch rhythmisch gleichartigen Liede zu tun hatten, sondern von fremder Hand damit erst in Verbindung gebracht worden sind. Als nach v. 13[a] die mit v. 14 einsetzende, auf Zion bezügliche Erweiterung eingefügt wurde, ist statt der ursprünglichen Fortsetzung von v. 13[a], die wir noch in v. 25[b] haben, der heutige Halbvers 13[b] hinzugeschaffen worden. V. 25[b] wurde an seine gegenwärtige Stelle gerückt und nicht einfach hinter v. 13[a] belassen, weil von v. 14—23 und v. 24. 25[a] aus nicht gut gleich v. 26 folgen konnte. V. 24. 25[a] leiten sachte von den vorausgehenden Ausführungen zurück auf den ersten Teil, auf v. 2—12 und v. 25[a] findet in v. 25[b] eine erträgliche Überleitung zu den Schlußversen des Psalms, die den Gedanken an Jahwes Ewigkeit oder Überzeitlichkeit zu einem Quell tröstlicher Hoffnung für die Gemeinde Jahwes machen sollen[1]. Im übrigen mache ich aufmerksam auf den inhaltlichen Parallelismus zwischen dem Übergang von v. 12 (besonders 12[a]) zu v. 13 und dem von v. 25[a] zu v. 25[b]ff. Dieser Parallelismus beleuchtet in bedeutsamer Weise die redaktionelle Arbeit, der wir unseren gegenwärtigen Psalm zu verdanken haben.

Es erübrigt noch ein kurzes Wort zu v. 24. 25[a]. Das ist ein prächtiger Zweizeiler mit ungleichhebigem Rhythmus

---

1) Es ist übrigens religionsgeschichtlich bemerkenswert, daß in diesem Psalm die Ewigkeit Gottes nur für Zion d. h. die Gemeinde Jahwes ein Trost ist, daß noch nicht das dem Tode entgegensehende einzelne Ich für sich selbst daraus einen Glaubenstrost zu entnehmen imstande ist, einen solchen vielmehr nur für Kinder und Kindeskinder daraus zu schöpfen vermag. Also dem Dan. 12₂ zu klarem Bekenntnis kommenden, in engem Zusammenhang mit der messianischen Hoffnung stehenden Auferstehungsglauben steht der Autor unseres Kompositionspsalms noch fern. Auch literarhistorisch ist dies beachtenswert.

(3 : 2). Es dürften auch diese zwei Verszeilen ein Zitat sein, aber aus einem Liede, das mit keinem der übrigen bisher festgestellten Bestandteile unseres Psalms etwas gemein hatte. Zu dem Ichpsalm v. 2—12 gehörten sie schon deshalb nicht, weil das rhythmische Schema ein anderes ist, während allerdings der Inhalt ganz gut zu der Klage paßt, in die v. 12 einmündet.

Auch v. 29 hebt sich nach der strophischen Gliederung der Schlußteile des Liedes als Einzelvers vom Ganzen ab und bringt gewissermaßen nur das religiös-didaktische Ergebnis zum Ausdruck, das in gegenwärtiger Not der Glaube aus dem Hinweis auf die Ewigkeit Gottes entnehmen soll. Muß die gegenwärtige Generation auch vergeblich auf Jahwes Hilfe harren, wird sie auch dahin gehen müssen, den kommenden Geschlechtern wird sich Jahwe doch wieder hilfreich erweisen, denn er unterliegt nicht wie der Mensch dem geschichtlichen Werden und Vergehen. Eben weil er ewig und unveränderlich ist, darum darf man auf seine Verheißungen vertrauen. Die Zeit, wann er sie erfüllen will, zu bestimmen, ist seine Sache; aber er kann sein Volk nicht ganz verlassen, und so dürfen wenigstens die Söhne oder Enkel auf seine Gnadenhilfe hoffen.

Wir dürfen also wohl nunmehr getrost feststellen, daß Ps. 102 in seiner überlieferten Gestalt ein recht künstliches Kompositionswerk ist, dessen Bestandteile noch rein von einander gesondert werden können.

In v. 2—12 haben wir einen Ich-Klagepsalm, der am Schluß wahrscheinlich nicht mehr ganz vollständig erhalten ist. In v. 13ᵃ. 25ᵇ—28 haben wir ein Fragment eines Gott, sein Verhältnis zur Schöpfung, insbesondere seine Ewigkeit behandelnden Liedes. Der Inhalt der beiden Strophen macht nicht den Eindruck, als sei das Lied, zu dem sie gehörten, voll Klage gewesen. Eher erscheint die uns beherrschende Stimmung derjenigen verwandt, die Ps. 104 uns nahebringt. Ferner bieten v. 24. 25ᵃ ein Zitat aus einem besonderen Ich-Klagelied. Ob wir auch in v. 14—23 ein Zitat oder gar mehrere vor uns haben, lasse ich dahingestellt; die Möglichkeit, daß es sich so verhält, ist jedenfalls vorhanden. Aber nicht minder möglich ist, daß der für die Anwesenheit dieser Sätze in unserm Psalm verantwortliche Autor unter gedächtnismäßiger Benutzung von anderem Liedmaterial die vorliegenden Verse selbst gemacht hat. Ein Dichter ersten Ranges war er freilich nicht, aber Verse nach einem bestimmten Schema zu bauen, dazu hatte er wohl die Fähigkeit. Indes, auch nach der formalen Seite hin ist er wahrscheinlich abhängig von den Quellen seiner Erinnerung, die wir hauptsächlich wohl bei Propheten zu suchen haben dürften.

Den für v. 14—23 verantwortlichen Autor, glaube ich, darf man weiter auch mit demjenigen identifizieren, der v. 29 als Abschluß dem Ganzen beifügte, also wohl mit dem Autor des großen Kompositionsliedes oder seinem Redaktor. Ob er zugleich auch für alle Erweiterungen in v. 2—12 in Anspruch genommen werden darf, läßt sich nicht entscheiden. Einzelne Zusätze ließen sich von seiner Hand recht gut begreifen, wie die in v. 3. 6. 11, aber v. 8 möchte ich ihm nicht gerade aufbürden, denn dieser Satz macht viel eher den Eindruck einer von einem Leser an den Rand geschriebenen Glosse, und ist auch formal Prosa und nicht Poesie. Dagegen die Erweiterungen in v. 27. 28 sind ganz in der Richtung der die Komposition beherrschenden Gedankenentwicklung und daher gewiß von dem Autor des Kompositionspsalms abzuleiten. Bemerkenswert ist, daß v. 6 und 11 sich nach dem Schema 3 : 2 lesen lassen, also nach dem gleichen Schema, das in v. 14 ff. vorherrschend ist. Man könnte versucht sein, auch das zum Beweis für die Identität des Autors geltend zu machen.

Die Beachtung der Merkmale eines rhythmisch guten Verses zunächst in dem Ich-Klageliede v. 2—12, dann auch in den Fragmenten v. 13ᵃ. 25ᵇ—28 und v. 24. 25ᵃ, wie die eines relativen Mangels daran in v. 14—23 darf ich dem Leser überlassen. Ich denke, er wird finden, was ich in meinen „Grundzügen" darüber niedergelegt habe.

*

Nun möchte ich zuletzt nicht unterlassen, auch die deutlich und bestimmt erkennbaren Zusatzteile des Psalms einer literarhistorischen und prinzipiell methodologischen Betrachtung zu unterziehen.

Die Nichteinheitlichkeit des überlieferten Psalms 102 ist nicht von mir zuerst behauptet worden. Hitzig, Bickell und der Franzose Bruston haben schon so geurteilt, und besonders nachdrücklich zuletzt Duhm. Dieser sagt: „Wer Ps. 102₁₋₁₂ und v. 13 ff. für ein Gedicht ansieht, muß gegen Stil, Sinn und Inhalt vollkommen gleichgültig sein oder den Verfasser für geistesgestört halten". Wenn das auch eine harte Sprache ist, richtig ist das Urteil doch trotz aller Ausführungen der Mehrzahl der neueren Gelehrten, die die

Einheit festhalten zu können meinen, indem sie das Ich in
v. 2—12 zum kollektiven Ich der Gemeinde machen wie
Smend, Nowack-Hupfeld, Baethgen, Keßler (in Strack-
Zöcklers kurzgef. Komm.), Beer (Individual- und Gemeinde-
psalmen S. 74), Kautzsch (Altes Test.³ Band II). Nur ist
das Lied noch komplizierter, als Duhm erkannt hat. Ich
denke, das darf nach meinen Darlegungen als erwiesen gelten.

Nun ist es von erheblichem Interesse, den Zusatzteilen,
die sich auf Zion oder Jerusalem beziehen, unsere Aufmerksamkeit zuzuwenden. Denn sie sind es ja, die den Anlaß
geboten haben, die vorausgehenden, für jedes natürliche Empfinden lediglich individuell auffaßbaren Liedteile als Äußerungen
des kollektiven Ichs der jüdischen Gemeinde zu deuten und
so die Einheit des überlieferten Psalms zu behaupten. Daß
sie für mich diese Bedeutung nicht mehr haben können, versteht sich von selbst. Mir bieten sie vielmehr Anlaß, sie in
einer anderen und, wie mir scheint, bedeutungsvolleren Richtung
zu würdigen. Sie enthalten Zeugnisse für die redaktionelle
Arbeit an dem einst vorhandenen Material religiöser Poesie,
für die zeitgeschichtlichen Voraussetzungen, von denen aus
diese redaktionelle Arbeit unternommen wurde, und für den
praktisch-didaktischen Zweck, den sie verfolgte. Es versteht
sich freilich von selbst, daß sich von diesem einen Psalm
allein aus nicht viel beweisen läßt, aber als Beispiel kann er
für weitere Arbeit richtungweisend wirken. Mir selbst sagt
er nichts Neues, wie die Texte und der Kommentar in meinen
„Grundzügen" zeigen können, und wie ich noch deutlicher in
dem leider damals vom Druck ausgeschlossenen weiteren
Material darzutun Gelegenheit hatte. Vielleicht gelingt es
mir aber jetzt, die Aufmerksamkeit der Kritik schärfer auf das
hinzulenken, was mir für alle zukünftige, ernsthafte, historische
Kritik an den Psalmen als eine Hauptaufgabe erscheint, nämlich auf die Notwendigkeit, die Psalmen von ihren späteren
Erweiterungen zu befreien und diese Erweiterungen literarhistorisch zu beleuchten. Nur so wird eine tiefere Einsicht
in das geschichtliche Werden des Psalters ermöglicht.

In Ps. 102 findet sich die Beziehung auf Zion, seinen
unbefriedigenden Zustand und seine Hoffnungen nur in v. 14
bis 23, genauer sogar nur in v. 14—18; in v. 19 ff. tritt dafür
in kollektiv gemeinten singularischen Bezeichnungen das Volk

Jahwes ein. Zion befindet sich in einem Zustande, der ein bauendes Eingreifen Jahwes nötig macht. V. 15 redet von seinen Steinen und seinem Staube und v. 17 vom erhofften Bauen Jahwes. Aber es ist sehr fraglich, ob wir v. 15 wörtlich in dem Sinne verstehen dürfen, Zion liege in Trümmern, und ob wir v. 17 wirklich von einem Neuaufbauen aus Ruinen deuten können. Blicken wir auf den letzten Absatz v. 19—23, wo schwerlich alle Ausdrücke, die sich auf Jahwes Volk beziehen (dort ist, wie gesagt, nicht mehr Zion direktes Objekt, sondern das Volk, und Zion [Jerusalem] wird nur als Wohnstätte des Gottesvolks erwähnt), anders als poetische Bilder aufgefaßt werden sollen, so liegt es nicht fern, auch die Ausdrücke in v. 15 und 17 nicht anders zu deuten. Steine und Staub weisen auf das sichtbare Zion, die Stadt Jerusalem, hin. Sie soll ja, wie man nach der göttlichen Verheißung hoffte, auch im Vollendungsreiche der örtliche Mittelpunkt bleiben, der sichtbare Wohnsitz Jahwes auf Erden, und sie lieben natürlich alle frommen Juden von ganzem Herzen und sehnen sich nach ihrer Verherrlichung, wie sie zumal von Deuterojesaja angekündigt worden war (vgl. Jes. 54₁₁ᵇff.; 60). Auf Jes. 60 weist v. 17ᵇ direkt hin, nicht minder auch der Gedanke an die Wirkung der göttlichen Verherrlichung Zions auf die Heidenwelt. Es ist eben die Erfüllung der messianischen Erwartung, die hier von Jahwe erbeten wird, der Ausbau des Gottesreichs mit der Gottesstadt als seinem Mittelpunkt, dessen Herbeiführung nach v. 14 Zeit geworden ist. Wir dürfen also nach allem, was wir da lesen, wohl vermuten, daß der Mann, der v. 14ff. einfügte, in einer Zeit lebte, in der die jüdische Gemeinde und besonders ihre Hauptstadt sich in einem recht trübseligen und bedrängten Zustand befand. Das ergibt sich aus der Verbindung von v. 14ff. mit v. 2—12 und hernach mit v. 24. 25ᵃ und auch aus dem Schlußvers 29. Er lebte aber zugleich in einer Zeit, in der die Hoffnung auf die messianische Zukunft sich stark zu regen anfing. Nur ist beachtenswert, daß auf den persönlichen Messias mit nichts hingedeutet wird. Welche Zeit das gewesen ist oder gewesen sein kann, läßt sich nicht feststellen. Sicher feststellen läßt sich nur, daß wir diese Zeit nicht etwa vor dem Exil zu suchen haben und daß wir auch schon die deuterojesajanische Prophetie als der Vergangenheit angehörig ansehen müssen. Wir stehen, das dürfen wir mit ziemlicher Sicherheit sagen, in nachexilischer Zeit. Genaueres darüber hinaus läßt sich aber nicht sagen, und hier weiter dieser Frage nachzugehen, habe ich kein Interesse. Worauf es mir jetzt ankommt, ergibt

sich aber wieder von selbst. Wir sehen, wie in nachexilischer
Zeit ältere Lieder und Liedfragmente zu neuen Liedern zusammengefügt und durch redaktionelle Arbeit der Gemeinde
dienstbar gemacht wurden, und daß hierbei durch Einarbeitung
von Stücken aus älteren Liedern, oder auch von selbst-
geschaffenen Versen und Strophen, der redigierende Autor
Rücksicht auf die zeitgeschichtlichen Verhältnisse der Gemeinde
und ihre durch diese Verhältnisse bedingten Hoffnungen und
Wünsche nahm und durch ihre Einarbeitung auch den übrigen
Bestandteilen des Kompositionsliedes den Charakter eines
Gemeindeliedes gab oder doch zu geben beabsichtigte, das für
die neue Zeit paßte.

Das, was wir so dem Psalm entnehmen können, gibt schon
ausreichenden Anlaß zu der Vermutung, daß auch sonst in
den Psalmen solche zeitgeschichtlich orientierten Einarbeitungen
vorliegen. Daß das der Fall ist, bedarf für mich überhaupt
keines Beweises mehr. Aber ich hoffe, dieser Nachweis an
Psalm 102 hat den methodologischen Erfolg, daß man auch in
weiteren, sich mit den Psalmen und ihrer Kritik beschäftigenden
Kreisen für diese besondere Seite der überlieferten Gestalt der
Psalmentexte die Augen öffnet. Vielleicht sieht man sich
auch, von dem Eindruck dieses Liedes veranlaßt, noch einmal
meine Psalmenkritik an, die ich den „Grundzügen“ beigefügt
habe, und ich hoffe, man wird allgemach einsehen, daß meine
rhythmisch-kritische Textanalyse doch nicht so ganz willkürlich ist, sondern im allgemeinen nicht bloß methodologisch,
sondern auch sachlich berechtigt ist. Es ist wirklich an
manchen Psalmen viel gearbeitet worden, ehe sie die uns vorliegende Gestalt erhielten und geeignet erschienen, der jüdischen
Gemeinde in ihren neuen, besonderen Verhältnissen ein Quell
der Erbauung in irgendeiner Richtung zu sein.

Zuletzt möchte ich nun noch eins anfügen. Um die
Herleitung des Psalms 102 in seiner überlieferten Gestalt
aus der Makkabäerzeit zu begründen, hat man (vgl. zuletzt
Baethgen, auch Duhm) darauf hingewiesen, daß sich in ein
paar Versen wörtliche oder fast wörtliche Beziehungen zu
angeblich sicher makkabäischen Liedern fänden. So findet
man in v. 3 wörtliche Beziehung zu Ps. 69 18, aber bemerkenswert ist die Tatsache, daß diese wörtliche Beziehung sich nur
auf die von mir als Glossen ausgeschiedenen Worte erstreckt,
und da man nicht imstande ist zu sagen, daß diese Glossen

von dem herrühren, der das Kompositionslied hergestellt hat,
so wäre denkbar, daß die Komposition schon lange vorhanden
war, ehe jemand aus Ps. 69 die Glossen beifügte. Der
Glossator könnte also ein makkabäisches Lied (vorausgesetzt,
daß Ps. 69 ein solches ist, was mir noch nicht einleuchtet)
benutzt haben, aber der von ihm glossierte Psalm könnte sehr
viel früher redigiert worden sein. In v. 24 liegen wörtliche
Parallelen zu Ps. 79 11 vor. Hier müßte der Redaktor der
Komposition selbst sich an diesen Psalm angelehnt haben,
wenn wir die Berührung im Wortlaut als bewußte Entlehnung
ansehen müßten, aber es braucht m. E. eine solche nicht zu
sein. Das gleiche gilt von den Berührungen in Gedanken und
teilweise in ihrer sprachlichen Einkleidung in v. 29 mit
Ps. 69 36. 37. — Bemerkenswert ist ferner die nahe Berührung
des Zusatzes v. 6 mit Hiob 19 20, auch von v. 20 mit Ps. 33 13.

In hohem Maße bemerkenswert aber ist hierbei nun, daß
keine dieser literarischen Berührungen oder Abhängigkeiten
den ursprünglichen Ich-Klagepsalm v. 2—12, noch auch die
Fragmente v. 13ª. 25ᵇ—28 und v. 24. 25ª trifft, daß sie vielmehr alle (und dazu gehören natürlich auch die Berührungen
von v. 14—23 mit prophetischen Aussagen) in der Arbeit des
Redaktors oder doch in Glossen angetroffen werden. Das
scheint der beste Beweis dafür zu sein, daß wir in den angegebenen drei Bestandteilen unseres überlieferten Psalms
originaler Poesie gegenüberstehen, in allen anderen aber nicht.
Und nun zum Schluß die Frage: Wie steht es bei
Psalm 102 mit der Mischmetrentheorie? Er bietet in seiner
überlieferten Gestalt zweifellos in rhythmischer Hinsicht ein
großes Gemisch von Versformen. Handelte es sich in allen
seinen Teilen um ein originelles einheitliches Werk eines
lyrischen Dichters, dann hätte Staerk mit seiner Behauptung
recht. Nun glaube ich aber auch dem rhythmologisch schwach-
gläubigsten Leser den überzeugenden Beweis erbracht zu haben,
daß wir es in Ps. 102 nicht nur nicht mit einer originalen
einheitlichen Dichtung zu tun haben, sondern mit einer mosaik-
artig aus verschiedenartigen, auch teilweise rhythmisch von einander abweichenden Bestandteilen älterer Lieder künstlich
geschaffenen Komposition. Der Schluß für die Mischmetren-
these ist also jedenfalls von diesem Liede aus nicht erlaubt.
Im Gegenteil beweisen, wie mir scheint, die einzelnen Bestand-

teile dieses Psalms, die wirklich originalen Dichtungen zu-
zugehören scheinen (dazu sind aber die Verse 14—23 nicht
zu rechnen, die das größte rhythmische Gemisch bieten), daß
meine These von der durchgehenden rhythmischen Gleichförmigkeit aller zu einem originalen lyrischen Gedicht, zu
einem sangbaren Liede gehörigen Verszeilen allein berechtigt
ist. Ich denke, das, was ich hier, wie mir scheint, unwiderleglich an Ps. 102 erwiesen habe, darf methodologisch nicht
ohne weiteres, z. B. bei einem Psalm wie Ps. 89 oder Ps. 107
oder Ps. 42. 43 usw., als unberechtigt abgewiesen werden,
wenn anders formale und sachliche Gründe in ausreichendem
Maße vorhanden sind. Und daß dies der Fall, glaube ich
allerdings.

Ich glaube damit auch diesen Teil mit der Überzeugung
abschließen zu können, daß Staerk zu voreilig war, als er
glaubte, auf ein verhältnismäßig dürftiges, von ihm obendrein
unzureichend behandeltes Material gestützt und vermeintlich
gesichert durch das Zeugnis der Propheten und Psalmen,
meine Position als unhaltbar, als auf vorgefaßter Meinung aufgebaut brandmarken zu dürfen. Vielleicht glaubt er mir jetzt
schon, daß ich keinen Grund habe, mich als geschlagen zu
betrachten. Indes, das Material, das ich im dritten Abschnitt
noch beizubringen gedenke, wird, wie ich hoffe, endgültig
bezeugen, daß das Recht auf meiner Seite steht.

III.

Spruchdichtung und lyrische Poesie ausserhalb des Psalters.

Im ersten Teil dieser Arbeit habe ich die einzelnen poetischen Texte, die Staerk gegen meine These ins Feld geführt
hat, nachgeprüft und an ihnen gezeigt, wie wenig berechtigt
es ist, sie gegen mich zeugen zu lassen, da sie vielmehr, genau
angesehen, Beweise für meine grundsätzliche Auffassung von
dem Formverhältnis der wirklich ursprünglich eine lyrische
Dichtung, ein Lied, bildenden Verszeilen zu einander darbieten.
Staerk hatte solche poetische Stücke gewählt, von denen er
voraussetzen konnte, daß sie Überreste alter und ältester
hebräischer Dichtung sind. Wenn ich mich jetzt anschicke,

noch andere kleinere und größere Dichtungen rhythmologischer
Beurteilung zu unterziehen, so geschieht es einmal, weil es
mir darum zu tun ist, meine Position möglichst allseitig sicher
zu stellen, sodann aber auch, weil ich damit glaube auch der
kritischen und exegetischen Arbeit am alten Testament überhaupt und nicht bloß der rhythmologischen Untersuchung der
hebräischen Poesie einen förderlichen Dienst leisten zu können.

Das alte Israel ist sehr reich gewesen an Liedern. In
seiner nomadischen Zeit hat es zweifellos nicht weniger gesungen, als seine beduinischen Verwandten in Arabien. Auch
der Inhalt seiner Lieder wird sich schwerlich wesentlich unterschieden haben von dem der Lieder der vorislamischen Araber.
Indes, man wird der alttestamentlichen Überlieferung glauben
dürfen, wenn sie die vormosaische Väterzeit schon besonders
stark von religiösen Gedanken und Interessen beherrscht sein
läßt. Religiöse Hymnen wird man daher auch wohl schon in
jener alten Zeit angestimmt haben zum Lobe des Gottes, dessen
heilvolle Führung man erlebte, dessen Hilfe man suchte, wenn
man in Bedrängnis geriet, dessen Segen man erflehte im all-
täglichen Leben. Vielleicht lebte die Erinnerung an die Väter
und ihre Geschicke in ältester Zeit vornehmlich in Liedern
fort. Das, was sie besangen, fand dann hernach seinen prosaischen Niederschlag in den Erzählungsbüchern, an deren
Überresten wir uns in den Mosebüchern noch heute erfreuen
können. Einen Beweis für poetische Überlieferung bedeutsamer
Ereignisse im Leben Altisraels haben wir ja für die nächste
Zeit nach Mose noch im Deboraliede, das zugleich ein national-
geschichtlicher und religiöser Hymnus ist. Den gleichen Charakter trägt auch der Siegeshymnus in Exod. 15, das sog. Meerlied, dessen wirkliche Herkunft aus der mosaischen Zeit freilich
von der Kritik in Frage gestellt wird; ob für alle Teile des
Liedes mit Recht, das ist eine Frage, die ich nicht ohne
weiteres zu bejahen vermöchte (s. weiter unten). Leider ist
nun aber von der Poesie des ältesten Israel uns nur wenig
erhalten. Vielfach sind es nur abgerissene Verse oder Versteile, die in die Erzählung eingeflochten sind und von denen
man voraussetzen darf, daß sie nicht erst ad hoc geschaffen
und in die Erzählung zu ihrer Belebung und Verschönerung
eingefügt, sondern mit dem in der Erzählung niedergelegten
Erinnerungsbilde in der mündlichen Überlieferung organisch

verbunden überkommen sind, daß sie also wirklich alt sind.
Der Versuchung, all diese Überreste bei dieser Gelegenheit zu
sammeln und mitzuteilen, auch rhythmologisch zu verwerten,
widerstehe ich. Zur Lösung der besonderen Aufgabe, die in
dieser Arbeit mir gestellt ist, vermögen Einzeiler oder Vers-
fragmente, die sich je und dann in dem Erzählungsstoff ein-
gebettet finden, nichts beizutragen. Es gibt nun aber noch
eine nicht unerhebliche Anzahl von zwei- oder mehrzeiligen
Früchten hebräischer Dichtung, die man mit dem gleichen
Rechte als älteren Perioden des Geisteslebens Israels entstammt
ansehen darf wie die, welche Staerk für seinen Zweck glaubte
nutzbar machen zu können. Sie heranzuziehen und zu prüfen,
für wen sie eintreten, für ihn oder für mich, scheint mir eine
zwingende Notwendigkeit zu sein, wenn anders das Problem,
um dessen Lösung es sich handelt, sei es endgültig gelöst, sei
es auf einen sicheren, die wirkliche Lösung verheißenden Boden
gestellt werden soll.

Es war — je nachdem für mich oder für Staerk, ich
glaube aber eher für letzteren — tragisch, daß in der „Festschrift" neben Staerks Arbeit meine rhythmologische Untersuchung der beiden Klagelieder Davids (S. 154 ff.) Aufnahme
fand, denn das Ergebnis dieser Untersuchung — ob es Staerk
bei seinem beneidenswert starken Glauben an die überlieferten
guten alten Texte anerkennen wird, ist mir nicht ganz gewiß
— gewährt meiner These aus sehr alter Zeit eine kräftige
Stütze. Aber auch die wertvolle Arbeit von Procksch über
die letzten Worte Davids 2. Sam. 231 ff. (S. 112 ff.), deren Echtheit auch mir bisher noch unerschüttert ist, liefert einen Beweis
für die Richtigkeit meiner Auffassung. Zwar glaube ich nicht,
daß es Procksch gelungen ist, den arg verdorbenen Text der
zweiten Hälfte (von v. 4 an) kritisch wieder zu heilen (näher
darauf einzugehen, muß ich mir hier leider versagen), aber das
hat er jedenfalls für die erste Hälfte deutlich erkennen gelehrt,
daß ursprünglich die einzelnen Verszeilen nach dem gleichen
Schema 3 : 3 gestaltet waren (vgl. den Text S. 125). Es entspricht das also ganz meiner Behauptung. — Doch ich sehe
nun von diesen Stücken ab und schicke mich an, zunächst
einige andere alte und interessante kleine poetische Stücke vor-
zulegen, von denen ich glaube, daß ihnen genau die gleiche
Beweiskraft beiwohnt wie den von Staerk in die Diskussion

gezogenen. Ich entnehme das erste aus Gen. 2, also aus dem Zusammenhang der jahwistischen Erzählung. Mit ihr scheinen sie von Anfang an verbunden zu sein, also den Anspruch erheben zu dürfen, recht alt zu sein.

Gen. 2₂₃ enthält einen schönen Zweizeiler, den wir als Hochzeitslied ansehen dürfen. Es ist das Wort, womit der Mann das ihm von Jahwe zugeführte Weib als die zu ihm passende Gattin hinnimmt, womit also die von Gott gefügte Ehe geschlossen wird. Das Liedchen dürfte einst selbständiges Dasein gehabt haben, ehe es vom Jahwisten in seine Darstellung aufgenommen wurde. Wenigstens ist diese Annahme genau so berechtigt wie bei anderen in den Erzählungszusammenhang aufgenommenen poetischen Stücken. Dasjenige Wörtchen, das das Liedchen abgesehen von seiner inhaltlichen Verknüpfung mit dem Vorausgehenden auch formell in die Gedankenentwicklung organisch einfügt, ist הפעם. Dies dürfen wir daher, weil es mit Bezug auf die Tiere, die dem Menschen kein עור כנגדו boten, gemeint ist, als formelle Klammer auf Rechnung des jahwistischen Erzählers setzen und für die rhythmologische Betrachtung unbeachtet lassen. Dann aber ergeben sich folgende zwei schöne Verszeilen nach dem Schema 3 : 2:

זֹאת עֶצֶם מֵעֲצָמִי	וּבָשָׂר מִבְּשָׂרִי
לְזֹאת יִקָּרֵא אִשָּׁה	כִּי מֵאִישׁ לֻקְחָה־זֹּאת[1]

Das sind zwei Verszeilen, die, wenn man — in durchaus erlaubter Weise — die Šᵉwāsilben (auch die mit Š. comp.) rhythmisch außer Betracht läßt, sogar genau gleich viel volltönende Silben in den entsprechenden Halbversen haben. Jedenfalls spricht dies nicht für einen der hebräischen Lyrik eigenen Trieb, sich in die Form von Mischmetren zu kleiden.

---

1) Ich erlaube mir zu diesem Halbvers dies zu bemerken. Nach dem Erzähluugszusammenhang scheint der Satz sagen zu sollen, das Weib werde אשה genannt, weil es vom Manne, d. h. aus seinem leiblichen Wesen genommen (entnommen) sei. Das hätte freilich der Mann nicht aus wirklichem Wissen sagen können; daß aber Gott etwa ihm diese Erkenntnis auf die Zunge gelegt haben sollte, davon weiß der Erzähler jedenfalls nicht das Mindeste. Der Satz bedeutet in Wahrheit vielmehr ursprünglich, das Weib werde so genannt, weil es vom Manne hin- oder als sein Weib angenommen ist. Vgl. dazu לקח אשה = ein Weib heiraten.

Ich weise im Vorbeigehen auch auf die Sentenzen hin, die wir Gen. 3₁₄ff. finden, wenngleich es mir fraglich erscheint einerseits, ob wir auch für sie annehmen dürfen, daß sie je einmal unabhängig von dem gegenwärtigen jahwistischen Erzählungszusammenhang vorhanden gewesen sind, andererseits auch, ob wir an Sprüche solcher Art den rhythmologischen Maßstab anlegen dürfen, den wir an Liedchen wie jenes Hochzeitsliedchen anzulegen zweifellos berechtigt sind. Aber wie immer wir hierzu uns stellen wollen, teilweise können auch diese Sentenzen ein Zeugnis ablegen, das, wie mir scheint, mindestens ebenso viel, wenn nicht mehr, zu meinen, als zu Staerks Gunsten spricht. Indes, hier sehe ich von ihnen ab; ich hoffe, an anderer Stelle auf sie zurückkommen zu können.

Staerk hatte die Jakobsprüche Gen. 49 herangezogen, und auch wir haben sie genauerer rhythmologischer Prüfung unterzogen. Dazu sei jetzt die Aufmerksamkeit auf die Mosesprüche Deut. 33 gelenkt. Auch diese sind ein unausweichlicher Beweis gegen Staerk und für mich.

Von dem Rahmen dieser Sprüche sehe ich ab. Anerkanntermaßen ist der Text desselben in überaus korrupter Gestalt überliefert. Nur soviel will ich darüber hier sagen: zweifellos waren sowohl die Einleitungssätze wie die abschließenden Verse ursprünglich in regelmäßig gebauter rhythmischer Form verfaßt. In v. 2ᵃα (bis למו) und 2ᵃβ (bis קדש), auch v. 4 und 5ᵃ und 5ᵃβ erkennt man noch das Schema 3 : 3; dagegen v. 3 scheint zweite Halbverse mit zwei Hebungen zu bieten. Im Epilog finden wir in v. 25ᵇ. 27ᵇ. 28ᵃ und 28ᵇ. 29ᵃα deutliche Verszeilen nach dem Schema 3 : 2. Die allem Anschein nach in beiden Abschnitten formell abweichenden Teile des Textes können nun sicher nicht ohne weiteres für Staerks Behauptung als Beweismaterial verwertet werden. Ich denke, hier wird auch Staerks starkes Vertrauen zu der relativen Güte des alten Textes doch vor der unleugbaren Tatsache arger Korruption der Textüberlieferung Halt machen und nicht ohne weiteres für die Mischmetrenhypothese hier eintreten wollen. Solange es nicht möglich ist, den Text auch nur einigermaßen von seinen schweren Gebrechen zu heilen und seine ursprüngliche Gestalt möglichst wiederherzustellen, müssen diese Stücke beiseite bleiben. Ich nehme sie nicht für meine These in Anspruch, kann es aber auch nicht als berechtigt ansehen, daß man sie für die Gegenthese verwertet.

Etwas besser liegt die Sache bei den einzelnen Sprüchen. Natürlich haben die Einzeiler für uns hier keine besondere Bedeutung. Also die Sprüche über Ruben (v. 6), Dan (v. 22) und vielleicht auch Naftali (v. 23) fallen außer Betracht. Nur die zwei- und mehrzeiligen Sprüche müssen nach ihrem Zeugnis befragt werden. Freilich ohne Umschweife können auch sie ihr Zeugnis nicht ablegen. Auch sie bedürfen einer sorgfältigen kritischen Untersuchung, und zwar gilt es dabei nicht nur zu fragen, ob der Text in seinem überlieferten Wortbestande heil überliefert ist oder nicht, sondern auch nach Möglichkeit festzustellen, ob nicht auch in sie glossierende Hände eingegriffen haben. Ich habe dieser Arbeit zwar schon ein erhebliches Maß an Mühe geopfert, aber zum befriedigenden Ziel bin ich nicht gelangt, glaube aber doch das hier verwerten zu dürfen, was mir wenigstens einigermaßen sicher oder doch erwägenswert zu sein scheint. Für den besonderen Zweck, den ich hier verfolge, genügt es.

a) Der Judaspruch v. 7 besteht, wie gar nicht zweifelhaft sein kann, aus zwei Verszeilen. Die erste scheint gut erhalten, nur könnte sehr wohl die Abweichung der LXX im zweiten Halbvers v. 7ᵃβ der Erwägung wert sein. Sie setzt wohl תָבוֹא נָא voraus. Dies spricht den Wunsch aus, Jahwe möge selbst sich Juda wieder zuwenden. Das liegt auch deutlich in der Richtung der zweiten Verszeile (v. 7ᵇ). Die Verderbnis in v. 7ᵇα ist allgemein anerkannt. LXX liest καὶ αἱ χεῖρες αὐτοῦ διακρινοῦσιν αὐτῷ; was sie aber in ihrer Vorlage gelesen hat, ist ungewiß. Nur soviel darf man sagen, es braucht nicht die masoretische Lesart gewesen zu sein, es könnte so gut wie רב auch תרב gewesen sein, zumal auch in ידיו am Ende eine Verderbnis vorliegen dürfte. Es ist nämlich gewiß, daß der parallele Halbvers ידיו als Fehler erweist. Die schon längst vorgeschlagene Korrektur יָדֶיךָ halte ich für richtig und unbedingt erforderlich. Lesen wir dann תָּרֶב, so möchte ich glauben, annähernd die ursprüngliche Textgestalt vor mir zu haben. Der Satz ידיך תרב macht grammatisch keine Schwierigkeit. Indes, es scheint mir die Folge der beiden Halbverse in v. 7ᵇ nicht mehr die ursprüngliche zu sein; sie sind umzustellen. An solchen Umstellungen fehlt es auch sonst im alten Testament (zumal auch in poetischen

Texten) nicht, daher ist die Sache nicht bedenklich[1]. Wir
erhalten dann einen recht schönen Zweizeiler nach dem
Schema 3 : 2, der in seinen einzelnen Sätzen auch logisch[2]
sich als ursprünglich erweisen kann.   Er lautet:

7 a שְׁמַע יְהֹוָה קוֹל יְהוּדָה   וְאֶל־עַמּוֹ תְּבִיאֶנּוּ נָא
7 b β וְעֵזֶר מִצָּרָיו תִּהְיֶה[3]   7 b α וְיָדָיו רָב[4] לוֹ

b) Der Levispruch (v. 8—11) scheint zum größten Teil
recht gut überliefert zu sein.   Nicht ursprünglich ist indes
sicher gerade die erste Verszeile.   In allen Sprüchen ist der
Name des in Frage stehenden Stammes ausdrücklich genannt,
nur hier und v. 12 bei Benjamin fehlt er.   Natürlich erfährt
man aus der Einführungsformel, um wen es sich handelt.
Auch aus dem Inhalt des Spruchs läßt es sich erraten.   Aber
es wäre doch wunderbar, wenn der Name gerade bei den
Stämmen Levi und Benjamin nicht im Spruch selbst genannt
gewesen sein sollte.   Nun bietet LXX hier bei Levi einen
vollständigeren Text und in ihm auch den Namen des Stammes.
Es bedarf also kaum einer Begründung, daß wenigstens in
diesem Punkte die griechische Textgestalt den Vorzug verdient.
Sie verdient ihn aber noch in einem anderen.   Sie bietet auch
die אוּרִים vor den תֻּמִּים, und das entspricht der sonst ge-
wöhnlichen Reihenfolge dieser beiden Begriffe.   Am Ende des
Satzes stimmt sie auch nicht ganz zu dem hebräischen Text.
Ihr τῷ ἀνδρὶ τῷ ὁσίῳ läßt das Suffix vermissen; das setzt
לְאִישׁ חָסִיד voraus, denn schwerlich fordert der griechische
Artikel hier in poetischer Diktion unbedingt auch im Hebräischen den Artikel.   Indes, frage ich, welcher der beiden
Texte vorzuziehen sei, so möchte ich doch dem hebräischen
mit dem Suffix den Vorzug geben, nur halte ich es für sicher,
daß אִישׁ ein zwar frühzeitig eingedrungener, aber doch in

---

1) Ich denke wenigstens, man wird das nicht als eine allzu große
Vergewaltigung des überlieferten Textes ansehen.

2) Wenigstens scheint der allgemeine Gedanke der göttlichen
Hilfe logisch vor den Satz zu gehören, der von ihrer Ausführung durch
den Kampf mit den Händen redet.   Freilich braucht einen Dichter
eine solche Erwägung nicht notwendig zu bestimmen.

3) Man erwartet nach dem inhaltlichen Zusammenhang eher תְּהִי.

4) Wörtlich: „und deine Hände — streite du für ihn!" = mit
deinen Händen . . . Vgl. zu der Syntax des Satzes Ges.-Kautzsch,
Gramm. § 144 4.

Wahrheit ein nachträglicher Zusatz ist, und der ursprüngliche Text wohl לַחֲסִידֶיךָ lautete (pluralisch dem Plural in v. 9ᵇ ff. entsprechend, s. unten). Mir scheinen ferner v. 8ᵇ (von נסיתו an) und 9ᵃ (bis ירע כי) ebenfalls eine Glosse zu sein. Der ursprüngliche Text des Spruchs wird, wie ich vermute, gelautet haben:

8a	תְּנָה[1] ללוי אוריך	ותמיך לחסידיך
8b	אֲשֶׁר 9b שמרו אמרתך	וכריתך ינצרו
10a	יורו משפטיך ליעקב	ותורתך לישראל
10b	ישימו קטורה באפך	וכליל על־מזבחך
11a	ברך יהוה חילו	ופעל ידיו[2] תרצה
11b	מחץ מתני[3] קמיו	ומשנאיו מן־יקומון

Das ist ein klarer Zusammenhang. Nur scheint in der Tat, wie auch von anderen schon hervorgehoben wurde, der letzte Zweizeiler inhaltlich sich von den beiden ersten auffällig abzuheben. In diesen wird der priesterliche Charakter des Levistammes nachdrücklich und ausschließlich ins Licht gerückt. In v. 11ᵃˑᵇ dagegen hat man den Eindruck, es mit einem Stamm zu tun zu haben, der nicht nur Widersacher hat, sondern der auch selbst noch über Kräfte verfügt, mittels deren er daran denken kann, sich zur Wehr zu setzen, denn was soll sonst חיל bedeuten? Indes, es scheint mir doch zu gewagt zu sein, nach älterem Vorschlag[4] diese Schlußzeilen abzulösen und als ursprünglich zum Judaspruch gehörig anzusehen, obwohl nicht geleugnet werden soll, daß sie eine nicht üble Fortsetzung und einen recht guten Abschluß zu v. 7ᵃˑᵇᵝ bieten könnten. Wenn wir aber an das religionspolitische Vorgehen Jerobeams I.

---

1) LXX δότε Λευεὶ κτλ., aber תְּכֻוּ kann nicht richtig sein, denn wer sollte damit angeredet sein? Es ist daher anzunehmen, daß aus einem תְּנָה, womit Jahwe angeredet wird und das durch alle folgenden Verse bestätigt wird, in der Vorlage des Griechen fehlerhaft תכו geworden war.

2) Ob ופעל ידיו, das rhythmisch nicht gerade anstößig zu sein braucht — besonders hübsch ist es freilich auch nicht —, ursprünglich ist? Vielleicht stand dort einst ein einfacher Ausdruck, aber welcher?

3) Überliefert ist מתכים, das an sich grammatisch wohl verständlich sein würde, aber nach LXX (ὀσφὺν ἐχθρῶν) ist der constr. vorzuziehen. Lautlich ist's auch schöner.

4) Vgl. Driver, Deut. (Internat. crit. Comm.), S. 397, wo darüber genau berichtet, das kritische Vorgehen selbst aber abgelehnt wird.

92   Rothstein, Hebräische Poesie.

denken (vgl. I. Reg. 12₂₅ff., 13₃₃), so ist wenigstens aus der
Zeit nach der Reichsspaltung begreiflich, daß die Leviten
Widersacher hatten, denn die von dem König aus dem Volke
zum Priesterdienst berufenen Leute werden schwerlich geneigt
gewesen sein, den Leviten nach irgendeiner Seite hin einen
Vorzug zuzugestehen, werden vielmehr mit allem Nachdruck
getrachtet haben, sie von den Stellen, wo sie bisher festen
Stand gehabt hatten, zu verdrängen.

Nun könnte man ja wohl sagen, das, was in v. 11ᵃ gesagt
wird, sei der poetischen Redeweise zu danken, dürfe also nicht
allzu wörtlich genommen werden. Wie dem auch sein mag,
es ist besser, den Zweizeiler zu lassen, wo er ist; freilich
muß man sich bewußt bleiben, daß die Objekte in v. 11ᵃ in
ihrer Beziehung auf Levi etwas rätselhaft sind.

V. 9ᵃ ist schon durch seine unrhythmische Art auffällig.
Der Satz ist jedenfalls eher Prosa als Poesie. Freilich soll
nicht geleugnet werden, daß man rein formell und mechanisch
ihn als zwei Verszeilen lesen kann, nämlich etwa so:

האמֹר לאביו ולאמֹו   לֹא ראיתיו

ואת־אחיו לֹא הכיר   ואת־בניו לֹא ידע

Aber daß das gute Verse seien, wird niemand behaupten können:
man braucht sie unter rhythmischem Gesichtspunkt nur mit
v. 10ᵃˑᵇ und v. 11ᵃˑᵇ zu vergleichen, um bei einigem Gefühl
für hebräische Versbildung zu der Erkenntnis geführt zu werden,
daß diese Sätze nicht von dem Autor des echten Spruchs
stammen können. Die Beziehung auf das doppelseitige priesterliche Amt des Levistammes rief dem Glossator die Erinnerung
an das Ex. 32₂₅₋₂₉ Erzählte wach und veranlaßte ihn zu dem
Einschub. Der Einschub erhielt dann seine Verbindung mit
dem folgenden durch das kausale כי: die Leviten sagten das,
was v. 9ᵃ mitteilt, weil sie Jahwes Wort ... beachteten. Der
Plural in v. 9ᵇ fügt sich auch nicht gut an v. 9ᵃ an, dürfte
aber trotz LXX, die in v. 9ᵇ auch den Singular bietet, ursprünglich sein. Der Satz v. 8ᵇ stimmt inhaltlich, wie ohne
weiteres erkennbar ist, nicht zu der Gestalt der Erinnerung,
die wir in Ex. 17 und Num. 20 kennen. Schon das macht
bedenklich. Dazu ist zu beachten, daß der Autor dieses Satzes
allem Anschein nach an Moses denkt, nicht aber an den Levi-
stamm. Recht hat er darin geschichtlich insofern, als ja nach
der Erinnerung, wie sie im Pentateuch festgelegt ist, wirklich
Moses der erste seines Stammes war, der das Priestertum der

Urim und Tummin innehatte. Er wollte darum auch gewiß mit der Einfügung des Zusatzes die Bewährung Mosis in der Ergebenheit gegen Jahwe aussprechen. Es ist darum auch, wie längst erkannt ist, wahrscheinlich, daß תריבהו im Sinne von Jahwes Kampf für Moses gemeint sein soll. Der inhaltliche Widerspruch aber, in dem der Satz mit der für uns noch zugänglichen Gestalt der Mosesgeschichte steht, läßt es m. E. gar nicht zweifelhaft sein, daß nicht der Autor des Levispruchs, der eben von den Leviten im allgemeinen sprach, verantwortlich für ihn sein kann, m. a. W. daß es eine Glosse ist. Mir scheint es auch nicht ganz unmöglich zu sein, daß dieser Glossator für die bedenkliche Gestalt des Textes in v. 8ᵃ ᵝ, für das לאיש חסידך verantwortlich ist. Vielleicht hat er mit der Einfügung des איש (לחסידך statt לחסידיך könnte schon vorher in den Text eingedrungen sein) geglaubt, den Leser unzweideutig auf den größten Leviten hingewiesen zu haben. — Ich habe ferner angenommen, daß אשר schon dem ursprünglichen Text angehört hat. Daß das möglich ist, ergibt sich ja aus dem guten grammatischen und inhaltlichen Anschluß von v. 9ᵇ (ohne כי) an dies אשר. Rhythmisch fügt sich אשר recht wohllautend mit dem Satz שמרו וג" zusammen. Man beachte den Zusammenklang des ש in den beiden ersten Worten, dann aber besonders das ר in allen Worten der Verszeile.

Das Zeugnis, das der ursprüngliche Levispruch in bezug auf die uns interessierende rhythmologische Frage ablegt, ist zweifellos Staerk nicht günstig, vielmehr bestätigt es meine These aufs nachdrücklichste. Nur in v. 8. 9 lägen Schwierigkeiten für diese vor, wenn nicht der Verdacht zu gut begründet wäre, daß dort teils unabsichtliche Verderbnisse, teils absichtliche Eingriffe die ursprüngliche Gestalt des Textes verändert hätten. Nur wer zu behaupten imstande ist, hier einem guten, alten, zu Bedenken keinen Anlaß bietenden Texte gegenüberzustehen, wird sich auf Staerks Seite stellen können.

c) Auch im Benjaminspruch fehlt, wie schon bemerkt wurde, auffälligerweise die Erwähnung des Namens. LXX stimmt hier mit dem hebräischen Text überein. Aber ich glaube auch hier nicht annehmen zu sollen, daß der Name immer gefehlt hat. M. E. ist בנימין hinter יהוה ausgefallen. Paläographisch ist das insofern begreiflich, als ימין mit dem folgenden ישכן in gewissen kursiven Formen der alten Schrift in späteren Entwicklungsstufen soviel Ähnlichkeit hatte, daß es von einem Abschreiber übersehen werden konnte. Da nun

eins von den beiden עליו nach LXX und Sam. nicht ursprünglich
ist, so ergibt sich rhythmisch aus dem überlieferten Text des
Spruches ein formell tadelloser Zweizeiler (Schema 3 : 2).
Er lautet:

12a ידיד יהוה בנימין   ישכן לבטח

12b חופף עליו כל־היום   ובין¹ כתפיו שכן²

LXX bietet am Anfang von v. 12ᵇ καὶ ὁ θεός, setzt also,
wie es scheint, statt des ersten עליו ein Wort für „Gott" voraus. עליו ließe sich am leichtesten zu עֶליון vervollständigen.
Sollte das wirklich da gestanden haben? Freilich der Grieche
dürfte es schwerlich gelesen haben, aber es wäre immerhin
denkbar, daß in der palästinensischen Texttradition aus ursprünglichem עליון durch eine Verderbnis עליו geworden und in
der ägyptisch-alexandrinischen an seine Stelle sei es אל, sei
es אלהים eingedrungen sei. Setzen wir einmal עליון ein, dann
würde von rhythmischem Gesichtspunkte aus כל־היום als Zusatz betrachtet werden müssen, und es scheint mir auch nicht
gerade unbedingt notwendig zu sein in dem Spruch, da der
in ihm ausgesprochene Gedanke auch ohne es darin enthalten
sein würde. Man könnte ferner fragen, ob nicht wohl ursprünglich statt des Partizips das Imperfekt im Texte stand,
also יָחוֹפֵף, und dann am Schluß auch ישכן oder vielmehr יֵשֵׁב
gelesen wurde? Nehmen wir das einmal an, so ergibt sich
die gute und sehr wohllautende Verszeile:

עליון יחופף עליו   בין כתפיו ישכן   (oder ישב)

Indes, wie immer man über die kritische Seite des überlieferten Textes denken mag, eins ist gewiß, auch dieser
Spruch ist wiederum eine Bestätigung meiner These.

    d) Ganz besonders gilt dies auch von dem umfangreichen
Josephspruch (v. 13—17). Auch dieser Spruch hat vielleicht

---

1) Ursprünglich vielleicht, wie v. 12aβ, auch ohne ו: rhythmisch
ist die überlieferte Lesart unbedenklich, wenn sie auch ohne ו etwas
leichter und gefälliger sein würde.

2) Ob dafür nicht vielmehr יוֹשֵׁב eingesetzt werden sollte?
שכן ist, nachdem es in v. 12aβ gebraucht ist, immerhin im poetischen
Satzgefüge auffällig. Der Wegfall der Silbe יו nach dem gleichförmigen
Schluß des vorhergehenden Wortes ist leicht begreiflich, ebenso aber
auch, daß dem Zusammenhang entsprechend שב durch Anfügung des
Nun verständlich gemacht wurde.

im Anfang eine Vermehrung erfahren. V. 13ᵃ, der Satz, Josephs
Land sei von Jahwe gesegnet, steht ganz isoliert, oder falls
er ursprünglich sein sollte, ist nicht als unmöglich anzusehen,
daß ein paralleler Halbvers verloren gegangen ist. Indes, da
in v. 16 von dem „Lande und seiner Fülle" und davon die
Rede ist, daß es Gegenstand des Wohlgefallens (der Gnade)
Jahwes sei (an letzteren müssen wir natürlich bei שכני סנה
denken), so ist immerhin die Voranstellung jenes Satzes auffällig. Nach dem gegenwärtigen Text müssen die folgenden
durch מן eingeleiteten Aussagen zu מברכת gezogen werden;
sie geben an, wodurch die Segnung des Landes durch Jahwe
kund wird. Bei dieser jetzt zweifellos natürlichen syntaktischen
Auffassung der Sätze von v. 13ᵇ an und ihres Verhältnisses
zu v. 13ᵃ geht aber für v. 16ᵇ das Subjekt verloren; es muß
aus dem Vorausgehenden hinzugedacht werden. Natürlich ist
das an sich durchaus möglich. Indes, mir scheint es natürlicher zu sein, daß der Autor des Spruches das Subjekt unzweideutig ausgesprochen hat. Das aber geschieht, wenn wir
von v. 13ᵇ an מן als partitiv gemeint auffassen. Bei dieser
Auffassung steht dann v. 13ᵃ erst recht isoliert da. Nun darf
auch noch auf dies aufmerksam gemacht werden. Das Suffix
von ארצו in v. 13ᵃ hat im Spruch selbst keine Beziehung rückwärts; die Beziehung auf die Überschrift, von der aus allein
jetzt das Suffix verstanden werden kann, geht selbstverständlich nicht auf den Autor des Spruchs zurück. Es scheint sich
also alles zu dem Schlusse zu vereinigen, daß v. 13ᵃ entweder
Zusatz einer Bearbeitung ist oder einen Halbvers vor sich
gehabt hat, in dem der Name Josef vorkam. Persönlich ziehe
ich die erste Seite der Alternative vor.

Beginnen wir sodann aber den Text zu rhythmisieren mit
v. 13ᵇ, so genügt ein Blick in Kittels Bibl. Hebr. (bei der
Schreibung der Sprüche im masoretischen Text sind die einleitenden Überschriften fälschlich in die stichische Ordnung
aufgenommen und dadurch sind die zusammengehörigen Halbverse von einander getrennt), um zu erkennen, daß vom ersten
bis zum letzten Satze wir gleichhebige Verszeilen nach dem
Schema 3 : 3 vor uns haben. Auch v. 15ᵃ ist dreihebig, denn
man darf zweifellos הררי קדם lesen; indes, ich halte — trotz
allseitiger Bezeugung — מראש im Eingang für einen Schreibfehler statt מֶמֶּד, das ja (freilich in LXX nicht bezeugt) im

zweiten Halbvers steht (m. E. sicher richtig). Lesen wir aber so, dann kann der Halbvers rhythmisch so betont werden: מִמֶּגֶד הַרְרֵי־קֶדֶם. In v. 17ᵃᵝ kann man lesen: יַחְדּוּ אַפְסֵי אָרֶץ, aber LXX bietet vor "אַ "אַפְ noch ἕως = עַד. Fügen wir dies ein, so ist rhythmisch der Satz einfach: עַד־אַפְסֵי אָרֶץ[1]. Es kann also kein Zweifel sein, daß der Josephspruch wiederum für meine These Zeugnis ablegt, nicht aber für die von Staerk vertretene Mischmetrentheorie.

Zuletzt unterlasse ich nicht, auch meine Bedenken gegen die ursprüngliche Zugehörigkeit von v. 17ᵃᵝ ("וגֵ בָּהֶם) und 17ᵇ zum Text des Spruchs zu äußern. Zunächst ist v. 17ᵃᵝ (zumal wenn nach LXX עַד eingefügt wird) mehr Prosa als Poesie. Der Satz macht den Eindruck, eine Randbemerkung zu dem letztvorausgehenden Halbvers zu sein. Nicht ganz natürlich erscheint auch in diesen Sprüchen der Gedanke, Joseph werde mit seinen Hörnern die Völker bis ans Ende der Erde, also alle Völker, niederstoßen. Das macht doch gar zu sehr den Eindruck, aus einer jüngeren Zeit eschatologischer Vorstellungen zu stammen. V. 17ᵇ ist, was man auch dagegen sagen mag, m. E. auch eine Glosse zu v. 17ᵃᵃ; sie soll uns sagen, was wir eigentlich unter den Hörnern Josephs zu verstehen haben. Es sind die beiden Bruderstämme mit ihrer großen kriegerischen Kraft. Das einführende הֵם (im Anfang des Satzes bieten die Versionen הֵם ohne wāw) sagt nichts anderes als unser „das sind" (bedeutet). Daß der Glossator seine Zusätze so gestaltet hat, daß sie nach dem im eigentlichen Spruch herrschenden Schema gelesen werden können, scheint mir insofern bedeutsam, als es beweist, daß das Gefühl für die gleichförmige Gestaltung der zu demselben poetischen Ganzen gehörigen Verszeilen selbst bei einem Glossator wirksam sein konnte. Dafür meine ich in den in meinen „Grundzügen" veröffentlichten Texten auch nicht gerade wenige Beispiele gefunden zu haben.

e) Der Doppelspruch über Sebulon und Isaschar (v. 18ᵇ. 19) ist nicht ohne Verderbnis überliefert. Zweifelhaft

---

[1] Es bedarf keiner besonderen Erwähnung, daß v. 13ᵇ מֵטַל in מֵעַל (Pausalaussprache) zu ändern ist. Ebenso ist v. 16ᵇ תְּבוּאָתֹה fehlerhaft und dafür תְּבוּאָנָה zu lesen. Ursprünglich dürfte an der Spitze von 14ᵃ. 15ᵃ. 16ᵃ wāw conj. nicht gestanden haben.

scheint mir auch, ob er ursprünglich dreizeilig war, wie wir ihn jetzt lesen. V. 19ᵃ macht zwischen v. 18ᵇ und 19ᵇ einen etwas seltsamen Eindruck. In diesen beiden Verszeilen ist nur von dem äußeren Lebensglück die Rede, das den beiden Stämmen durch ihre Beziehungen zum Auslande zuströmen soll. In v. 19ᵃ wird von rechten Opfern (zugleich Opfermahlen) geredet, zu denen sie die Völker einladen auf den Opferberg (welcher Berg das sein soll, ist auch unerfindlich; man muß ihn, falls der Satz aus alter Zeit stammen sollte, doch wohl im Gebiete der beiden Stämme selbst suchen). Das aber fällt doch recht fühlbar aus der durch die erste und dritte Verszeile bezeichneten Richtung der Gedankenentwicklung heraus. So kann ich also an dem Zweifel an der Nichtursprünglichkeit von v. 19ᵃ in diesem Spruch nicht vorbeikommen.

Nun glaube ich aber auch nicht an die Richtigkeit der überlieferten Textgestalt von v. 19ᵃ. Nur eine Vermutung will ich hier mitteilen, die vielleicht der Erwägung wert ist. Bei vollständiger Verwertung der Konsonanten der Worte הר יקראו שם ließe sich daraus die Lesung הַקְרִיבוּ אַשָּׁם (so imperativisch mit Rücksicht auf die II p. plur. in LXX) gewinnen. Das würde heißen: „Bringt Völker als Schuldopfer dar!" Danach ließe sich (auch mit Rücksicht auf LXX) lesen וְזָבְחוּ „und opfert . ." Natürlich ließe sich bei solcher Gestaltung des Satzes עמים auch vokativisch auffassen, so daß gemeint sei, die Völker sollten selbst die Opfer bringen, aber diese Auffassung halte ich für weniger naheliegend als jene. Eher noch würde sich empfehlen, הִקְרִיבוּ und וְזָבְחוּ zu lesen, wonach gesagt wäre, die Völker haben gebracht und bringen die Opfer. Indes, wie immer der Satz gelautet haben und gemeint gewesen sein mag, jedenfalls fällt er aus dem inhaltlichen Zusammenhang zwischen den beiden andern Verszeilen heraus, mit denen er in rhythmischer Beziehung ursprünglich sicher vollständig übereinstimmte. — Auch in v. 19ᵇ ist der Text nicht in Ordnung. Beachtet man die Lesart der LXX (καὶ ἐμπόρια παράλιον κατοικούντων), so ergibt sich, daß mit חול (darauf weist παράλιον) in dem vom Griechen gelesenen Texte ein Wort im Sinne von κατοικ'. verbunden war; das aber kann kaum etwas anders gewesen sein als שֹׁכְנֵי, das wir in dem überlieferten bedenklichen שפני wiederfinden dürfen. Es scheint in unserem Texte eine versehentliche Umstellung der Worte טמוני (ob richtig?) und שכני stattgefunden zu haben. Lesen wir

טמוני: שכני חול, so ist alles in Ordnung und der sachliche Parallelismus zu שפע ימים klar und gut. — Ferner ist nach der direkten Anrede in v. 18[b] nicht bloß in v. 19[a], sondern auch in dem sicher ursprünglichen v. 19[b] die Rede von den Stämmen in III p. recht auffällig. LXX hat in v. 19[a] die II p. plur.; in v. 19[b] liest sie: θηλάσει σε, also יַיִנְקָךְ. Das würde grammatisch im Satze gut sein, da das im zweiten Halbverse folgende zweite Subjekt im Plural keine Schwierigkeit bereitet. Es würde sich auch ganz ohne Anstoß an v. 18[b] mit seinem Suff. II p. sing. anschließen und sich auf beide Stämme beziehen können, wenngleich für unser Gefühl יַיִנְקְכֶם angenehmer wäre.

Nach diesen kritischen Erwägungen sehen die drei Verszeilen des Spruchs so aus:

וישׁשׂכֹר באהליך[2]	18b שׂמֹח זבולן בצאתֹך
וזבחֹו? וזבחי־צֹדק	19a עמֹים הקריבו? אֹשׂם?
וטמוני שכֹנֵי־חֹול	19b כי שׁפֹע ימֹים יֹינָקֹך

Wie immer die kritischen Fragen zu entscheiden sind, auf alle Fälle liegt auch hier wieder unwiderleglich die Tatsache vor Augen, daß der eigentliche alte Spruch nach dem gleichen Schema gestaltet war. Von Mischmetren kann jedenfalls nicht geredet werden, da v. 19[a] nicht nur in seiner überlieferten Gestalt, sondern auch hinsichtlich seiner Ursprünglichkeit hier ernsten Bedenken unterliegt.

f) Auch der Spruch über Gad (v. 20. 21) zeigt, wenn er richtig rhythmisiert wird, daß er ursprünglich in allen Sätzen nach dem gleichen rhythmischen Schema geformt war. Leider ist der Text teilweise korrupt und bisher unheilbar.

---

1) Vielleicht stand ursprünglich da מַטָמוֹנֵי und ist nur das Anfangs-מ durch Abschreibefehler verloren gegangen.

2) LXX setzt באהליו voraus, aber schwerlich beachtenswert. Ernstere Erwägung verdient vielleicht etwas anderes. Auffällig ist jedenfalls, daß in einem so kurzen Spruch zwei Stämme zugleich berücksichtigt sein sollen. Nun macht es keine große Mühe, den Isaschar aus dem Text herauszubringen. Liest man: וְיֵשׁ שָׂכָר בא׳, so würde gesagt werden, Sebulon darf sich freuen über sein Hinausgehen (zum Handel mit Erfolg), aber „es gibt auch Lohn (d. i. Ertrag seiner Bemühungen im Handel) in seinen Zelten“. Das würde ganz gut in den Zusammenhang passen, auch grammatisch unanstößig sein (יֵשׁ könnte sogar als von בְּ abhängig gelten), und dann in v. 19[b] seine treffliche Fortsetzung finden. Rhythmisch wäre zu lesen: וְיֵשׁ שָׂכָר, auch das ist unanstößig.

Die stärkste Verderbnis findet sich in der Mitte von
v. 21 in den Worten ספון ויתא, die keinenfalls ursprünglichen
Text bieten. Aber auch die vorhergehenden Worte vom Anfang
des v. 21 sind sehr zweifelhaft. So glaube ich nicht an die
Richtigkeit des Satzes וירא ר" לו, denn bei richtiger Rhythmisierung bildet er den zweiten Halbvers zum letzten Satz
in v. 20 (וטרף וג'). Dazu aber will er inhaltlich nicht passen.
Und daß חלקת מחקק nicht wohl ursprünglich sein kann, ist
nicht allein meine Empfindung; aber zu sagen, wie der Text
einst gelautet habe, vermag ich nicht. Die geistreiche, an
LXX anknüpfende Vermutung[1], die Worte ספון ויתא seien durch
fehlerhafte Spaltung aus וַיִּתְאַסְּפוּן entstanden, ist erwägenswert,
aber so lange nicht gewiß, als der vorausgehende Satz nicht
völlig sicher gestellt ist. Nur mit aller Vorsicht möchte ich
sagen, mir scheint in v. 21ᵃᵝ einst vom Beuteteilen die Rede
gewesen zu sein. שם könnte aus einem zertrümmerten שָׁלָל
entstanden sein, und חלקת könnte das Prädikat zum Subjekt
מחקק enthalten, also vielleicht aus חֵלֶק oder חָלַק erwachsen
sein. Das schließende ת ließe sich allenfalls in ה verwandeln
und als (allerdings poetisch ungewöhnlicher) Artikel zum
folgenden Wort ziehen. In den Worten ספון וג" müßte dann
ursprünglich etwa gesagt gewesen sein, daß die Häupter des
Volks daran teilnahmen. Es sind aber noch andere zweifelhafte Stellen im überlieferten Text. So dürfte doch wohl in
v. 20ᵃ לְגֻר zu lesen sein, entsprechend dem sonstigen Gebrauch
bei הרחיב. Dafür spricht auch der lautliche Anklang des לגר
an das im zweiten Halbverse folgende כלביא (man beachte die
Laute לג und כל, verwandt, aber in umgekehrter Folge). Zweifelhaft scheint mir auch (trotz Dillmanns Ausführungen) mit
Rücksicht auf LXX (καὶ ἄρχοντα) in v. 20ᵇ אף־קדקד zu sein.
Man erwartet eigentlich hinter זרוע eine Angabe des Besitzers
des Arms. Danach könnte alsdann im zweiten Halbvers
(v. 21ᵃᵅ) von dem Haupte desselben (ראש?) in irgendeiner
Beziehung die Rede gewesen sein. Doch genug, zu einem
sicheren Ergebnis führen alle diese kritischen Erwägungen nicht.
Aber diese betrübende Tatsache ändert nichts an der Sicherheit
des rhythmologischen Bildes, das der Text uns bietet.

Unzweifelhaft hat der Autor des Spruches alle Verszeilen
nach dem Schema 3:2 gestaltet. Die rhythmische Gliederung

---

1) Vgl. Marti in Kautzsch' Die heil. Schrift des alten Test.³ I
z. St., auch Kittel, Bibl. Hebr.

des Spruches ist — das wird niemand bestreiten können —
von Anfang her folgende gewesen:

20a   ברוך מרחיב לגד   כלביא שכן

20b   טרף¹ זרוע אף־קדקד ?   21aα   וירא ? ראשית לו¹ ?²

21aβ   כי שם ? חלקת ? מחקק ?   21bα ..... ³ ראשי עם⁴

21bβ   צדקת⁵ יהוה עשה   ומשפטיו עם־ישראל

Für die Mischmetrentheorie ist also auch dieser Spruch
gänzlich unbrauchbar.

g) Den Naftalispruch lasse ich außer Betracht. Die
Frage, ob der dritte Satz zum ursprünglichen Text gehört hat
— sollte das der Fall sein, so könnte angenommen werden,
daß ein Halbvers verloren gegangen sei⁶ —, oder ob derselbe
von anderer Hand zugefügt ist — was vielleicht wegen des
Inhalts als weniger wahrscheinlich gelten darf —, ist schwer
zu entscheiden. Für unsere Frage ist mit dem Spruch daher
nicht viel anzufangen. Anders liegt aber die Sache bei dem
letzten, dem Spruch über Asser (v. 24. 25ᵃ)⁷. Hier haben
wir ein Zweizeiler (Schema 3:3), der mit Ausnahme des
letzten Worts gut überliefert zu sein scheint.

מנעלך ist mindestens nach LXX in מנעלו zu verwandeln;
nach dem Vorausgehenden kommt das Suff. II p. unerwartet.
Aber auch das Substantiv ist fraglich, zumal wenn es wirklich

---

1) So nach LXX; überliefert וט״.

2) LXX ἀπαρχὴν αὐτοῦ (? ראשיתו).

3) ספון ויתא ??

4) Übrigens nicht ganz ohne kritisches Interesse ist, daß bei der
stichischen Schreibung dies ראשי עם genau unter ראשית לו zu stehen
kommt. Ob da nicht verderbliche Einwirkung von oben oder von
unten her auf die Textgestaltung im Laufe der handschriftlichen
Überlieferung stattgefunden haben könnte?

5) LXX setzt צדקה voraus und betrachtet יהוה als Subjekt des
Satzes. Aber unser hebr. Text ist vorzuziehen; das Suffix in משפטיו
spricht für ihn.

6) Dürfte man ohne weiteres den dem Josefspruch vorangestellten
Satz v. 13ᵃ vor v. 23ᵇ setzen, so erhielten wir eine Verszeile, die
v. 23ᵃ gar nicht übel fortsetzen und abschließen würde. Der Spruch
bildete dann einen guten Zweizeiler nach dem Schema 3:3. Am
Ende ist mit den Versionen unzweifelhaft יירש (Pausa) zu lesen.

7) V. 25ᵇ gehört m. E. nicht mehr zu dem Spruch, sondern zum
folgenden Schlußgedicht.

nur „Riegel" bedeutet, da man nach v. 24 doch nicht gerade an solche denken kann. LXX übersetzt τὸ ὑπόδημα αὐτοῦ (ebenso Vulg. Syr.), und das scheint mir dem vom vorhergehenden Satz her Erwarteten besser zu entsprechen. Das Eintauchen des Fußes in Öl wird die Kraftfülle bedeuten, die dem Stamm sein Land gewährt, und der Satz, daß er an seine Füße eiserne und eherne Sandalen anlegen kann, dürfte dann auf die unverwüstliche, sieghaft alle Widerstände überwindende und zertretende Macht des Stammes hinweisen (vgl. den dröhnenden Kriegsschuh in Jes. 9₄, zur Sache auch Micha 4₁₃). Mir scheint das Wort in נַעֲלָיו[1] (oder נְעָלָיו) geändert werden zu müssen; מ kann auf Schreibfehler beruhen[2].

Der Spruch hat rhythmisiert diese Gestalt:

24a ברוך מבנים אשר   יהי[3] רצוי אחיו

24b טבל[4] בשמן רגלו   25a ברזל ונחשת נעליו.

Auch dieser letzte Spruch also zeugt für meine These und gegen Staerks Verteidigung der Mischmetrentheorie. Das Gesamtzeugnis dieser Sprüche ist ebensowenig zweifelhaft; es ist aber um so wichtiger, als wir in diesen Sprüchen Zeugen besitzen, die, wenn auch nicht ganz so alt wie die Jakobsprüche, doch auch sehr alt sind, also wohl imstande sind, uns die formalen Richtlinien zu zeigen, innerhalb deren die äußere Gestaltung der poetischen Sätze sich von Natur zu bewegen pflegte. Das Zeugnis dieser Sprüche läßt sich aber noch durch eine Reihe anderer ebenfalls recht alter Früchte des poetischen Geistes Israels verstärken. Sie bei dieser Gelegenheit heranzuziehen, dürfte von Wert sein.

*

1) Durch viele hebr. Hdschr., auch Sam. ist מנעליך bezeugt; die Pluralendung im korrigierten Worte hat hieran also guten Rückhalt.

2) Eine versehentliche Doppelschreibung des vorausgehenden ח könnte allenfalls dem מ zum Dasein verholfen haben.

3) LXX bietet καὶ ἔσται. Danach also entweder וְיִהִי, vielleicht auch וַיְהִי oder וְהָיָה (an dies möchte ich nicht zunächst denken) zu lesen; mir scheint וַיְהִי vorzuziehen, eben weil doch wohl auf das geblickt werden soll, was von Asser geschichtlich gilt. Dazu paßt dann auch besser die folgende Verszeile, die ebenfalls auf geschichtlich Tatsächliches hinweist.

4) Statt der überlieferten Aussprache als Partizip (LXX Fut. βάψει) möchte ich die Aussprache טָבַל für besser halten und vorziehen.

In den Vordergrund verdient gestellt zu werden der in
seiner Echtheit bisher noch anerkannte salomonische Tempelweihspruch 1. Kön. 8 12. 13 (LXX 8 53). Im hebräischen Text
ist er leider verstümmelt [1], aber der griechische hat ihn uns
glücklicherweise noch ganz erhalten. Ergänzt nach der LXX
lautete der Spruch rhythmisiert so:

12 שֶׁמֶשׁ הֵכִין בְּשָׁמַיִם יהוה   אָמַר לשכן בערפל

13 בנה[2] בניתי בית זבול[3] לָךְ   מכון לשבתך עולמים[4]

Wir haben hier also einen Zweizeiler nach dem Schema
4 : 3 oder (2 : 2) : 3 (am Schluß von v. 13[a] ist um des Rhythmus
willen nicht die Pausalform לָךְ zu lesen, sondern die volle
Form לְךָ). Die beiden Verszeilen sind völlig gleich gebildet,
und was besonders beachtet zu werden verdient, sie bieten
genau dasselbe Schema wie die beiden Elegien Davids, von
denen ich in Kittels Beiträgen, Heft 13 S. 154 ff. gehandelt
habe. Literaturgeschichtlich ist das von erheblichem Interesse.

Sodann mache ich auf das bei zwei verschiedenen Gelegen-
heiten erwähnte, aber sichtlich nicht überall vollständig er-
haltene revolutionäre Losungswort aufmerksam, das gegen
David gerichtet ist, vgl. 1. Kön. 12 16, auch 2. Sam. 20 1;
2. Chron. 10 16. LXX bietet an einer Stelle eine treffliche Aus-
füllung für eine Lücke. Die Aufforderung, David zu verlassen,

---

1) Gleich verstümmelt steht er auch 2. Chron. 6 1.

2) Chron. hat hier וָאֶבְנִי, das an sich ganz trefflich wäre. LXX
hat wörtlich hier übersetzt: בָּנָה בֵיתִי, aber es ist hier nicht Gottesrede; der hebr. Text bleibt daher im Recht.

3) Ob der Text so wirklich ursprünglich ist? זבול allein würde
auch genügen, um zu sagen, was gemeint ist. Oder sollte etwa
בֵּית זְבוּלְךָ ursprünglich dagestanden haben? Am Rhythmus würde
nichts geändert, er würde nur glatter und wohllautender. Die Einfügung von בית könnte lediglich auf einer suggestiven Einwirkung
des vorhergehenden בנה בניתי beruhen.

4) Der Plural von עולם findet sich, soviel feststellbar ist, erst
im jüngeren Sprachgebrauch und dürfte auch hier nicht ursprünglich
sein. LXX hat ἐπὶ καινότητος (cod. A sogar κενότητος?); auf welche
hebr. Grundlage das zurückgeht, ist nicht erkennbar. M. E. ist zu lesen:
עַד־עוֹלָם. Der Ausfall von עד vor עולם ist begreiflich. Die Pluralendung ist vielleicht aus einem Trümmerstück der im hebr. Text
ausgefallenen, in LXX noch erhaltenen Zitationsformel, die am Schluß
von v. 13 stand.

ist in 1. Kön. 12 interjektional durch לאהליך ישראל eingeleitet, aber 2. Sam. 20 und 2. Chron. 10 steht davor sachlich natürlich an sich nicht übel אִישׁ. Indes, LXX bietet an seiner Stelle noch besser ἀπότρεχε, und setzen wir dafür לְךָ ein, so würde das nicht nur gut dahinpassen, sondern sein Ausfall auch vor den folgenden Konsonanten לאה״ leicht verständlich sein. Allenfalls ließe sich auch auf die Fortsetzung in der Erzählung mit וילך zur Stützung des לכה hinweisen. Das Wort אִישׁ ist m. E. freier Zusatz und kommt für die Textrekonstruktion nicht in Betracht. Der Spruch lautet:

מַה־לָּנוּ¹ חֵלֶק בְּדָוִד   וְלֹא נַחֲלָה² בְּבֶן־יִשַׁי

לְכָה לְאֹהָלֶיךָ יִשְׂרָאֵל   עַתָּה רְאֵה³ בֵיתְךָ דָוִד

Auch hier ist die Gleichförmigkeit beider Verszeilen sicher ursprünglich.

Ich darf auch auf das sog. Brunnenlied Num. 21 17[b]. 18 hinweisen. Es besteht aus einem Zweizeiler nach dem gleichhebigen Schema 3 : 3. Die erste Verszeile ist ganz unzweifelhaft, die zweite, die mit בָּרוּךְ beginnt, verlangt, daß man das letzte Wort בְּמִשְׁעֲנֹתָם mit zwei Hochtonsilben liest. Das aber macht keine Schwierigkeiten, um so weniger, als das Wort vorne durch die Präposition eine lautliche Verstärkung erfährt[4].

Die gleiche rhythmische Form zeigen die Verszeilen des Māšāl über Moab Num. 21 27ff., soweit sie noch einigermaßen sicher erhalten sind. Sie sehen rhythmisch gelesen so aus:

27 בֹּאוּ חֶשְׁבּוֹן תִּבָּנֶה   וְתִכּוֹנֵן עִיר סִיחוֹן

28a כִּי אֵשׁ יָצְאָה מֵחֶשְׁבּוֹן   לֶהָבָה מִקִּרְיַת סִיחֹן

28b אָכְלָה עָרֵי⁵ מוֹאָב   בָּלְעָה⁶ בָּמוֹת אַרְנֹן

---

1) 2. Sam. 20 hat hier אֵין־לָנוּ, dem Sinne nach ist das dasselbe.

2) LXX καὶ οὐκ ἔστιν ἡμῖν κληρονομία κτλ.; 2. Sam. 20 bietet ebenso וְלֹא נַחֲלָה־לָנוּ; in 1. Kön. und 2. Chron. fehlt das zweite לָנוּ. Der Vers ändert sich formell nicht, wenn wir so lesen, wie die Masoreten in 2. Sam. 20 den Text zu lesen vorschreiben.

3) LXX setzt רְעֵה (βόσκε) voraus, auch recht gut passend. Die beiden Worte ראה ב״י als rhythmische Einheit, also unter einem Hochton zu lesen, macht nicht die geringste Schwierigkeit.

4) Vgl. dazu meine „Grundzüge" S. 32f.

5) So ist vorgeschlagen zu lesen; das parallele במות empfiehlt die Lesung.

6) Überliefert בַּעֲלֵי, das sicher fehlerhaft ist. Die oben aufgenommene Korrektur paßt wenigstens in den Zusammenhang und

אבדת עם כמוש   29a אוֹי לְךָ מוֹאָב

וּבְנֹתָיו בַּשְּׁבִי תַלַכְנָה²   29b נָתַן בָּנָיו פְּלֵיטִם¹

Der in v. 30 noch enthaltene und zum Lied gehörige Text
ist so korrupt, daß er weder sicher verstanden noch rhythmologisch sicher beurteilt werden kann. Aber ich glaube, von
den fünf ziemlich gut erhaltenen Verszeilen aus dürfen wir
getrost annehmen, daß auch die beiden letzten, die in v. 30
verborgen liegen, formell genau so gestaltet waren, wie jene
fünf. Für die Mischmetrentheorie ist also hier kein brauch-
barer Beweis zu finden.

Von hier aus liegt es nun nahe, auch den Bileam-
sprüchen in Num. 23. 24 unsere Aufmerksamkeit zuzuwenden und zu fragen, welche Stellung sie zu unserer Frage
einnehmen. Ihr Zeugnis ist um so wichtiger, als sie trotz
ihrer Doppelgestalt, der elohistischen und jahwistischen, das
Präjudiz für sich haben, noch aus recht alter Zeit zu stammen.
Ich glaube mich auch nicht zu täuschen, wenn ich feststelle,
daß auch diese Sprüche in ihrer ursprünglichen Gestalt
von Mischmetren nichts gewußt haben, daß ein jeder vielmehr
ursprünglich von der ersten bis zur letzten Verszeile nach
dem gleichen Schema gestaltet war. Allerdings darf man auch
hier nicht von guten Texten reden; es kann nicht zweifelhaft
sein, daß sie mancherlei Verderbnisse im Verlauf der handschriftlichen Überlieferung erfahren haben. Immerhin sind sie
zum Teil relativ gut erhalten, aber sie bedürfen ernster
kritischer Prüfung an nicht wenigen Stellen. Ich begnüge
mich hier auf die Gestalt des Textes, wie sie in Kittels
Bibl. Hebr. dargeboten wird, hinzuweisen; auf sie jetzt näher
einzugehen, muß ich aus äußeren Gründen unterlassen, hoffe
aber an anderer Stelle auf sie zurückkommen zu dürfen.

Nun will ich hier noch den Ausspruch anreihen, den
die Überlieferung dem Samuel gegenüber Saul in den Mund
gelegt hat, vgl. 1. Sam. 15₂₂f. Zunächst bemerke ich aber,
daß v. 23ᵇ kein Vers, sondern reine Prosa ist und die eigent-

---

hält sich nahe an die überlieferten Konsonanten. Sonst könnte man
auch an בְּעָרָה denken.

1) Um seiner Bedeutung willen scheint mir dies Wort hier zweifelhaft. Nach v. 29ᵃ erwartet man etwas ganz anderes.

2) So ändere ich das überlieferte בְּשֶׁבִית כִּמְלָךְ. Die Worte אמרי
סיחון sind Glosse.

liche Erzählung fortsetzt.   Auch v. 23a ist m. E. nicht zum ursprünglichen Bestand des Spruchs zu rechnen.   Dieser beschränkt sich vielmehr auf v. 22, auf folgenden Zweizeiler nach dem Schema 4 : 3 oder (2 : 2) : 3.

22a ‏הֲחֵפֶץ לַיהוָֹה בְעֹלוֹת וּזְבָחִים‎   ‏כִּשְׁמֹעַ בְּקוֹל יְהוָֹה‎

22b ‏הִנֵּה שְׁמֹעַ מִזֶּבַח טוֹב‎   ‏לְהַקְשִׁיב מֵחֵלֶב אֵילִים‎

Diese beiden Verszeilen sind nicht nur in der Form, sondern auch im Inhalt klar und abgerundet.   Wenn mehr nicht dastände, würde vor der Fortsetzung der Erzählung in v. 23[b] niemand etwas vermissen.

V. 23[a] weicht in der Form von dem Zweizeiler stark ab, man kann ihn (‏קֶסֶם‎ ist zu lesen) nur nach dem Schema 3 : 3 lesen, also scheint hier die Mischmetrentheorie eine Stütze zu haben.   Indes, ich halte v. 23[a] nicht für ursprünglich zu v. 22[a. b] gehörig.   Die beiden in den Halbversen enthaltenen Sätze machen allzu sehr den Eindruck exegetischer Glossen, deren Autor sagen will, Ungehorsam (und das, was ‏הִפְצַר‎ bedeutet, wenn das Wort überhaupt richtig sein sollte, was aber schwerlich zutrifft) sei Abgötterei und Zauberei gleichzustellen, also von Jahwe ebenso verabscheut und mit Strafe bedroht. Sachlich ist im Zusammenhang der Erzählung für diese Bemerkung kein deutlicher Rückhalt geboten.   Mir scheint hier jemand das Bedürfnis zu dieser Glossierung empfunden zu haben, der an 1. Sam. 28, an die letzte Verirrung Sauls dachte. Sollten wir annehmen dürfen, daß der Zweizeiler v. 22[a. b] einst einmal selbständige Existenz gehabt habe und erst vom Erzähler dem Samuel in den Mund gelegt worden sei, dann könnte v. 23[a] schon auf diesen Erzähler selbst zurückgehen. Wir hätten hier alsdann einen Fall, der dem bei dem Lemekhspruch (Gen. 4) festgestellten ähnlich wäre.   Wie dem aber auch sein mag, schon die Tatsache, daß der eigentliche Spruch in beiden Verszeilen das gleiche, komplizierte Schema bietet, macht es sehr unwahrscheinlich, daß v. 23[a] von demselben Dichter herrühre. — Interessant ist sodann, daß auch dieser Spruch dieselbe rhythmische Form bietet, die wir in den Elegien Davids und im Tempelweihspruch Salomos fanden.

Einen weiteren Beweis für die Richtigkeit meiner These glaube ich in einer kleinen Arbeit geliefert zu haben, die ich in der „Festschrift für Ignaz Goldziher" in „Zeitschr. für Assyriologie", Bd. XXVI, S. 22ff., der Fabel Jothams (Jud. 9[7—15]) gewidmet habe.   Ich darf hier darauf verweisen, weil es sich auch dort wohl um ein recht altes Produkt israelitischer Poesie handelt.

Nur hinweisen kann ich ferner auf das sog. „Meerlied", das mächtige Siegeslied Ex. 15 1–18. Längst war erkannt — das war nicht erst mir vorbehalten —, daß das Lied in seinem Hauptbestandteil nach dem sehr lebhaften und kraftvollen, sich besonders für Lieder solcher Art eignenden Schema 4 : 4 oder richtiger (2 : 2) : (2 : 2) gedichtet ist. Allerdings glaube ich doch zur kritischen Feststellung seiner ursprünglichen Gestalt und zum Nachweis des wirklichen Rhythmus in seinen einzelnen Bestandteilen noch einiges Wichtige beitragen zu können[1]. Hier muß ich mich damit begnügen, die Tatsache beweislos festzustellen, daß auch dies Lied in seinen wesentlichsten und ältesten Teilen ein sehr bestimmtes Zeugnis für die rhythmische Gleichförmigkeit seiner ursprünglichen Verszeilen ablegt. Die heutige Gestalt des Liedes mit ihrem rhythmischen Gemisch ist nicht das Erzeugnis des ursprünglichen Dichters, kann also auch nicht als Beweis dafür angesehen werden, daß die originelle lyrische Dichtung der Hebräer der Mischmetrentheorie entsprochen habe. Wir haben in dieser Gestalt des Liedes die gleiche Tatsache bezeugt, wie in den von mir früher veröffentlichten Texten und auch in dem oben mitgeteilten Psalm 102, nämlich die Tatsache, daß ältere Lieder Erweiterungen mannigfaltigster Art im Laufe der Zeit erfahren haben, daß es also dringend notwendig ist, die überlieferten Lieder, wo immer wir sie im alten Testament finden, nicht bloß literarkritisch, sondern auch rhythmischkritisch sorgfältig und scharf zu untersuchen, und daß beide Wege der kritischen Untersuchung eng miteinander verbunden werden dürfen und müssen, wenn wir zu einem befriedigenden Ergebnis kommen wollen. Das Gesamtergebnis, zu dem wir auch durch die zuletzt behandelten Stoffe geführt sind, kann also, wie mir scheint, nicht zweifelhaft sein. Es neigt sich die Wagschale der Kritik nicht zu Staerks, sondern zu meinen Gunsten.

---

1) Schon lange liegt eine genaue rhythmisch-kritische Untersuchung des Liedes von mir bereit. Ihre Drucklegung ist leider wider meinen Willen bisher unterblieben. Hoffentlich gelingt es aber doch, sie bald an einer geeigneten Stelle unterzubringen. Ich verweise zur Begründung des oben weiterhin ausgesprochenen rhythmologischen Urteils auf diese besondere Arbeit.

Ehe ich die Arbeit ganz abschließe, unterlasse ich es nicht, auch darauf noch hinzuweisen, daß nach meiner Überzeugung nicht nur das „Hohelied" (vgl. meine „Grundzüge"), sondern auch die „Klagelieder" (Threni c. 1—5), nicht minder auch das Buch Hiob im ursprünglichen unverletzten Texte überall Gleichförmigkeit der Versgestalt bezeugt haben. Daß es jetzt nicht mehr überall erkennbar ist, weiß ich sehr wohl, aber ich weiß auch aus mühevoller (hoffentlich auch noch einmal öffentlich verwertbarer) Arbeit an diesen Texten, wie viele und schwere Schäden sie im Laufe ihrer Fortpflanzung, auch durch Überarbeitung und Glossierung, erlitten haben.

Von nicht geringem Gewicht für die Entscheidung der strittigen Frage scheint mir endlich noch eine andere Tatsache zu sein. Liest man das Buch der Proverbien, so kann einem bei sorgsamer Beobachtung nicht entgehen, daß, sobald die Spruchdichtung den Einzeiler verläßt und zum Mehrzeiler, also zu kleineren und größeren Dichtungen proverbiellen Inhalts übergeht, auch sie unzweifelhaft von dem Trieb beherrscht ist, die zusammengehörigen Verszeilen rhythmisch gleichförmig zu gestalten. Die ebenso unzweifelhaft vorhandenen Ausnahmen scheinen mir dies Urteil, prinzipiell angesehen, nicht nur nicht zu beeinträchtigen, sondern eher noch zu bestätigen. Charakteristisch für diese Seite des poetischen Charakters der Spruchdichtung[1] ist ganz besonders die große Einleitung in Prov. c. 1—9, und in dieser mache ich besonders auf c. 2 aufmerksam. Dieses große, das ganze Kapitel ausfüllende einheitliche Satzgefüge ist zweifellos ursprünglich in gleichhebigen Verszeilen (Schema 3 : 3) abgefaßt. Wo dies Schema jetzt nicht mehr rein hervortritt, dürften Verderbnisse in den Text eingedrungen sein. Aber solcher Stellen sind so wenige[2] zu erkennen, daß an jener Tatsache kein Zweifel möglich ist. — Ich weise

---

1) Ich habe dasselbe geglaubt auch noch in der Weisheitspoesie des Siraciden beobachten zu können. Dazu darf ich hier wohl an das in den „Orientalischen Studien" (Festschrift für Th. Nöldeke, 1906) veröffentlichte „Specimen criticum zum hebräischen Texte des Sirachbuches" (auch separat ausgegeben) erinnern.

2) Rhythmische Bedenken neben allen übrigen Verszeilen erwecken nur v. 4. 11. 15 (aber hier kann im zweiten Halbvers das letzte Wort mit Doppelbetonung gelesen werden). 18 (auch hier wäre doppelte Betonung des letzten Wortes nicht unmöglich).

ferner hin auf das schöne Loblied auf die „tugendsame Hausfrau", Prov. 31 10 ff., das durch seine alphabetisch-akrostichische Form dem Dichter ganz besondere Schwierigkeiten auflud, aber auch dies Lied ist fast ganz in reinen gleichhebigen Verszeilen (Schema 3 : 3) aufgebaut. Die Ausnahmen sind auch in ihm so geringfügig, daß sie gegenüber der uns beschäftigenden prinzipiellen Frage gar nicht ins Gewicht fallen können[1].

*

Überblicken wir das Ergebnis, das unsere Untersuchung in allen ihren Teilen gezeitigt hat, so scheint mir nunmehr das eine völlig sicher gestellt zu sein, daß der formale Trieb, von dem die lyrische Dichtung in Israel zu allen Zeiten beherrscht war, auf gleichförmige Gestaltung der Verszeilen einer einen in sich inhaltlich und stimmungsgemäß einheitlichen Gedankenkomplex entfaltenden Dichtung gerichtet war. Nicht die Mischmetrentheorie hat durch unsere kritische Nachprüfung der von Staerk in die Diskussion gezogenen Texte wie durch die rhythmologische Behandlung der neuen von mir selbst ausgewählten Dichtungen prinzipielle Bestätigung gefunden, sondern die von mir vertretene Behauptung durchgehender metrischer Gleichförmigkeit aller Verszeilen einer originalen lyrischen Dichtung ist, wie mir scheint, siegreich aus dem Streit hervorgegangen. Es bedeutet, wenn jemand hinfort noch, wie Staerk getan, behaupten wollte, Mischmetren seien das Normale in der hebräischen Lyrik, einen unverantwortlichen Widerspruch gegen offenkundige Tatsachen. Mit diesem Ergebnis der Arbeit kann ich wohl zufrieden sein.

Freilich ist die Arbeit an dem strittigen Problem noch nicht absolut abgeschlossen. Glaube ich auch die Frage

---

1) Diese Ausnahmen betreffen v. 12 (vielleicht?, denn v. 12ᵇ kann auch dreihebig gelesen werden, da auf כֹּל logisch ein gewisser Nachdruck liegt). 15 (aber hier sind die letzten Worte וחק לנער" wohl glossatorischer Zusatz). 22 (aber im ersten Halbvers nach masoretischer Betonung rhythmisch möglich, also nicht besonders schwierig). 28 (aber ob der zweite Halbvers ohne Verderbnis?). 30 (dieser Vers ist schwerlich so, wie wir ihn lesen, ursprünglich; hier dürfte eine aus dem Bedürfnis für Steigerung der Aussage hervorgegangene glossierende Erweiterung vorliegen). Auch v. 17ᵇ könnte fraglich sein, aber dort ist Doppelbetonung des letzten Wortes (זרֹועֹתֶיהָ) ohne alles Bedenken.

grundsätzlich als erledigt ansehen zu dürfen, so bleibt doch noch viel zu tun übrig, um an den verschiedenen Arten der lyrischen Dichtung genau festzustellen, bis wie weit die grundsätzlich festgestellte Erkenntnis Gültigkeit hat. Daß es bei der Prophetenlyrik und auch bei der Spruchlyrik in dieser Hinsicht subjektiv wie objektiv bedingte Abstufungen und Grenzen gibt, halte ich für sicher. Aber auch in der Psalmenlyrik dürften sich Grenzen größerer oder geringerer Freiheit gegenüber dem rhythmischen Grundgesetz ergeben, wenn wir beachten, daß es außer Liedern, die rein lyrische Ergüsse darbieten und im Grunde gesungen werden wollen, auch Lieder nur lehrhaften Charakters gibt, ja, daß es vielleicht auch ratsam ist, Gebetslieder von reinen Hymnen, ebenso Lieder historischen, rückblickenden Inhalts von Liedern zu unterscheiden, die zwar von Erfahrungen der Gegenwart und der in ihnen wurzelnden Stimmung eingegeben sind, doch vornehmlich in die Zukunft und die von ihr erhoffte geschichtliche Entwicklung blicken, also auch mehr oder weniger historischen Charakters bleiben. Zu alledem kommt dann, worauf ich im zweiten Abschnitt dieser Arbeit hingewiesen habe, auch die Notwendigkeit, die gegenwärtige Gestalt der im Psalter vereinigten Lieder aus der Geschichte der Psalmensammlungen zu verstehen, also auch für die rhythmologische Beurteilung alle Möglichkeiten einer abändernden Einwirkung auf die ursprüngliche Gestalt eines Liedes in Betracht zu ziehen.

Damit sind große und komplizierte Aufgaben, die der Weiterarbeit an den Überresten hebräischer Poesie zu lösen bleiben, angedeutet, und ich gedenke nicht, mich der Pflicht zu entziehen, an ihrer Lösung mitzuarbeiten, wenn mir Gott Zeit und Kraft dazu schenkt. Inzwischen aber, hoffe ich, wird die vorliegende Arbeit in Verbindung mit den in meinen „Grundzügen" niedergelegten Ergebnissen früherer langjähriger Studien einen fruchtbringenden Ausgangspunkt für die künftige rhythmologische Forschung gewähren. Ich blicke auch heute noch mit der gleichen Zuversicht, wie damals, als ich meine „Grundzüge" abschloß, auf die Zukunft dieser Forschungsarbeit; ich fürchte nicht, von ihr enttäuscht zu werden.

Inhaltsverzeichnis.

Biblia Hebraica. Adjuvantibus professoribus G. Beer, F. Buhl, G. Dalman, S. R. Driver, M. Löhr, W. Nowack, J. W. Rothstein, V. Ryssel edidit R. Kittel, professor Lipsiensis. Editio altera emendatior stereotypica, iterum recognita. (XVI, 1320 S.) gr. 8⁰. 1913. In Halbleder geb. M. 10 —; in 2 Leinenbdn. M. 10.40; geh. M. 8 — Auch in 15 Einzelheften zum Preise von M. 1 — bis M. 1.30

Zwei neue fachmännische Urteile über die BHK:

Prof. D. Joh. Herrmann, Rostock, in der Orientalist. Lit.-Zeitg. (1913, 6): „Wenn das viel gebrauchte Wort wahr ist, daß sich das Gute Bahn bricht, so hat es sich an diesem Werke wohl bewährt. Es war richtig, daß der Verleger den Preis so stellte, daß es im Verhältnis zu den Herstellungskosten als das billigste wissenschaftlich theologische Werk in Deutschland gelten konnte, und jeder, der alttestamentliche oder hebräische Vorlesungen liest oder hört, hat weiter dankbar empfunden, daß die einzelnen biblischen Bücher in hand· lichen kartonierten Heften gesondert käuflich sind; dadurch ist es ja auch mög· lich, im akademischen Unterricht bei Interpretationskollegs den BHK-Text allgemein zugrunde zu legen, was einen großen Gewinn an Zeit bedeutet und die Möglichkeit einer Einführung in die textkritischen Fragen außerordentlich erleichtert. Daß wir hier eine Ausgabe des hebräischen Textes vor uns haben, die als kritische Ausgabe in ihrer praktischen Anlage und in ihrer Zugänglichkeit für jedermann einzig dasteht, die für den Lernenden in idea· ler Weise das bildet, was man hier von einer kritischen Ausgabe verlangen kann, die aber auch dem Forschenden sehr bald unentbehr· lich und unschätzbar wird, alles dies muß schließlich auch der Eigenbrötler einsehen. Es ist im Interesse der Bibelwissenschaft nur zu wünschen, daß die BHK — nicht andere, ähnlichwertige Ausgaben aus dem Felde schlage, denn die gibt es nicht, sondern — immer allgemeiner den Platz einnehme, der ihr gebührt, daß sie vor allem für den akademischen und gymnasialen Gebrauch die Biblia Hebraica ist.“

Prof. D. Dr. Ed. König, Bonn, in der Theolog. Lit.-Zeitung (1913, 13): „Die Eigenart dieser Ausgabe besteht wesentlich darin, daß dem, ebenso wie bei Baer-Delitzsch und Ginsburg, möglichst genau wiedergegebenen massore· tischen Texte nicht nur die wichtigsten Varianten der hebr. Manuskripte und anderer Textquellen, sondern auch eine große Summe von Vor· schlägen zur Verbesserung des überlieferten hebr. Textes in Fußnoten beigegeben sind . . . . Das Schlußurteil über den gegenseitigen Wert der drei wissenschaftlichen Ausgaben des hebr. A. T. kann nach meiner Meinung nur dieses sein, daß die Kittel's che Ausgabe für die meisten Leser den größten Wert besitzt.“

Dem Studium des A. T. und des Hebräischen will auch dienen:

Unpunktierte Texte aus dem Alten Testament. Für akademische Übungen und zum Selbstunterricht herausgegeben von Professor D. Joh. Herrmann, Rostock. (32 S.) 8⁰. 1913. M. 1 —

Ein Lesebuch unpunktierter hebräischer Texte gab es bisher nicht; aber der außerordentliche Nutzen solchen Lesens steht außer Frage. So wird hier eine Aus· wahl von 70 Stücken aus dem A. T. geboten, nahezu gleichmäßig ausgewählt aus den Geschichtsbüchern, den Propheten und den sonstigen Schriften des A. T. Bei der Auswahl ist ferner darauf Rücksicht genommen, daß einmal nicht zu bekannte Stücke, wohl aber inhaltlich wichtige gegeben würden. Insbesondere wurde er· strebt, daß die großen Schriftsteller-Persönlichkeiten des A. T. nach Möglichkeit zu Worte kämen, nicht nur die uns namentlich bekannten, sondern auch die un· bekannten, vornehmlich die Verfasser der größeren in den historischen Büchern verwerteten Quellenschriften. — Eigennamen sind, soweit es sich nicht um ganz bekannte handelt, wenigstens bei ihrem ersten Vorkommen in dem betreffenden Stück, vokalisiert worden. Die Texte sind kritisch gereinigt.